Der Kampf
in
meinem Leben

Wer aufgibt hat schon
verloren

Alexander Gedatus

Bibliografische Information der Deutschen Nationalbibliothek:

Die Deutsche Nationalbibliothek verzeichnet diese Publikation in der Deutschen Nationalbibliografie, detaillierte bibliografische Daten sind im Internet über http://dnb.dnb.de abrufbar.

Dieses Buch ist auch als E-Book erhältlich.

1. überarbeitete Version (2019), Korrekturen am Text

BoD – Books on Demand, Norderstedt

ISBN: 978-3-746-00725-0

**Für meinen lieben Papa
den ich stets in meinem Herzen
tragen werde.**

Kapitel 1

„Der Anfang"

In unserem Menschenleben gibt es häufig Situationen oder Erlebnisse, die es einem manchmal nicht gerade einfach machen. Trotzdem nicht den Mut zum weiterkämpfen zu verlieren, das ist nicht immer einfach. Doch egal wie schwer die Lage auch ist, nach jedem Schicksalsschlag gibt es auch einen Lichtblick und neue Zuversicht. Für mich gab es in vielen schwierigen Situationen nur eine Option; niemals aufgeben und den Kopf bloß nicht hängen lassen!
Mit diesem Buch möchte ich vielen Menschen dabei helfen in bestimmten Lebenssituationen besser zurechtzukommen. Es gibt Momente im Leben, in denen man glaubt es geht einfach nicht mehr weiter.

Das Leben entwickelt sich oftmals zu einem regelrechten Kampf, dem wir uns stellen sollten.

„Nur Mut alles wird gut." Mit diesem Sprichwort bin ich durch die letzten Monate gegangen. Es hat mir viel Kraft gegeben, wenn es mal im Leben nicht so einfach war und ist. Einige Monate habe ich überlegt, ob ich wirklich ein Buch über mein Leben schreiben soll oder nicht. Trotz meiner hin- und hergerissenen Gedanken kam ich zu dem Entschluss doch ein Buch zu schreiben, um anderen Menschen von meinen Erlebnissen zu berichten.
Beim Schreiben des Buches konnte ich meine Sorgen, Ängste und Nöte teilweise vergessen und besser verarbeiten.
Aber nun erst einmal genug...
Bevor es weitergeht möchte ich mich gerne erst einmal vorstellen.
Ich heiße Alexander und wurde vor

18 Jahren in einer westfälischen Stadt geboren. Ich wurde als einziges Kind in die Familie hineingeboren. Mit meinen Eltern bin ich in einer kleinen Ortschaft aufgewachsen. Eine kleine gemütliche Ortsgemeinde mit knapp 30.000 Einwohnern. Ein gemütliches und behagliches Zuhause haben mir meine Eltern geboten indem ich aufwachsen konnte und durfte. Heute bin ich 18 Jahre alt und habe das Fachabitur an der höheren Handelsschule absolviert. Meine Eltern haben mich zu einem netten, freundlichen und zuvorkommenden Jungen erzogen. Dafür bin ich ihnen heute sehr dankbar.

Aber bevor ich erst einmal 18 Jahre alt werden konnte, musste ich ja einige Lebensjahre vollendet haben.

Und genau da steuern wir jetzt drauf zu: Auf die vergangene Kindheit. Ich war gute drei Jahre alt, als meine Eltern beschlossen haben, dass ich in den Kindergarten angemeldet werden soll und dort jeden Tag ein paar Stunden verbringe. Damit ich Freundschaften knüpfe und Spielkameraden finde. Genau drei Jahre vergingen, bis ich das 6. Lebensjahr erreichte und ich in die Schule gekommen bin. Im August war es dann soweit: Mein erster Schultag stand vor der Tür und ich war ganz aufgeregt. Zusammen mit der großen, schönen Schultüte, die meine Eltern selbst gebastelt haben ging ich mit meinen Eltern, Großeltern, Tanten und meinem Onkel zur Schule. Die Einschulung war in der Turnhalle. Alle Eltern warteten im hinteren Bereich der Turnhalle. Die ABC-Schützen, wie ich saßen in der ersten Reihe. Die Rektorin stellte sich nun in einer Begrüßungsrede kurz vor. Dann kamen die Lehrerinnen und Lehrer mit den

Klassenlisten und haben sich ebenfalls kurz vorgestellt. Dann wurden die Schüler den einzelnen Klassen zugeteilt. Natürlich wussten wir alle vorher schon Bescheid in welche Klasse ich eingeteilt werde. Ich kam in die Klasse 1c. Nach und nach wurde es in der Turnhalle leerer und schließlich war meine Klasse an der Reihe mit der Einteilung. Was an der ganzen Sache lustig war, dass ein weiterer Junge ebenfalls Alexander hieß. Das wusste ich aber nicht. Also hat unsere Klassenlehrerin „Alexander" aufgerufen. Ich stand sofort von meinem Platz auf und wollte zu meinen Mitschülern gehen, weil ja deutlich mein Name aufgerufen wurde.

Doch im selben Moment als ich aufstand, stand ein weiterer Junge auf.

Ich war verwirrt, doch die Klassenlehrerin schmunzelte
und sagte: „Stimmt ja, dass hätte ich fast

vergessen, wir haben in unserer Klasse ja zwei Schüler mit dem Namen Alexander. Ihr könnt gerne beide gleich nach vorne kommen", sagte die Klassenlehrerin zu uns freundlich und lächelte. Und so gingen wir beide gleichzeitig nach vorne zu unserer Klasse wo auch schon die anderen Schüler warteten. Zum Glück hatten unsere beiden Nachnamen nicht denselben Anfangsbuchstaben.

So war es für unsere Lehrerin im Unterricht hinterher einfacher uns bei einer Meldung besser dran zu nehmen. Ich wurde hinterher mit Alexander G. und der andere Junge mit Alexander E. im Unterricht aufgerufen, um Verwechslungen zu vermeiden. Nachdem alle Schüler den jeweiligen Klassen eingeteilt wurden, ging es für uns in das zukünftige Klassenzimmer. Wir waren alle gespannt und aufgeregt. Zusammen mit den Eltern sind wir alle in unser Klassenzimmer gegangen. Nun durfte sich jeder einen Platz aussuchen. Ich habe mich in die letzte Reihe neben einen Jungen hingesetzt, den ich schon aus dem Kindergarten kannte. Als erstes hat unsere Klassenlehrerin uns an der Schule „Herzlich Willkommen" geheißen. Für jeden einzelnen Schüler hat sie Namensschilder vorbereitet. Diese wurden nun verteilt. Nach einer guten halben Stunde hat unsere Klassenlehrerin uns alles Wichtige über die Schule erzählt. Plötzlich klopfte es an der Tür des Klassenzimmers. Es war ein Angestellter der Tageszeitung, der nur ein Bild von uns machen wollte. Also stellten wir uns alle zusammen mit unseren Schultüten und Tornistern vor die Tafel und der Mann von der Presse sagte: „Damit das ein schönes Foto für die morgige Zeitungsausgabe wird, sagt mal alle: „Käsekuchen". Und wir sagten alle gleichzeitig „Käsekuchen". Der Mann machte ein Foto und am nächsten Tag war es in der Tageszeitung abgedruckt. Das Foto ist wirklich schön geworden. Danach ging es endlich wieder nach Hause. Zusammen mit meinen Eltern, Großeltern, Tanten und meinem Onkel haben wir noch viele schöne Fotos gemacht, zur Erinnerung an diesen schönen und unvergesslichen Tag. Danach ging es wirklich nach Hause und mein Papa hat zur Feier des Tages für uns alle gekocht. Es gab Klöße mit Gulasch und dazu Salat. Es war superlecker. Am späten Nachmittag gab es dann Kaffee und Kuchen. Mama hatte für mich gebacken. Danach durfte ich endlich meine Schultüte öffnen. Es waren viele schöne Sachen enthalten, die man als Schüler gut gebrauchen kann. Ich weiß leider nicht mehr was alles genau drin war, aber ich kann mich an zwei Sachen erinnern:

Einmal eine Taschenuhr und ein Füllerhalter von Lamy.

Beides besitze ich heute noch in einem guten Zustand. Genauso wie die Schultüte. Bis heute habe ich sie noch im Besitz. Die viele Arbeit, die damals meine Eltern für das Basteln dieser Schultüte aufgebracht haben, habe ich mit dem aufbewahren der Schultüte belohnt und ausgezahlt. Bis heute erinnere ich mich gerne an diesen Tag der Einschulung zurück. Für mich war es ein schönes Erlebnis in meinem Leben. Leider hatte ich nicht immer so schöne Erlebnisse im Leben wie dieses.

Kapitel 2

„Mein erster Lebenskampf"

Das erste Schuljahr verging wie im Flug und nun durfte ich meine ersten Sommerferien als Schulkind erleben. Die sechs Wochen sind ebenfalls schnell vergangen. Nun hieß es für mich, in die zweite Klasse zu gehören. Ich wurde also in das zweite Schuljahr versetzt. Bis dahin kam ich im Unterricht mit den Themen verständnisvoll mit. Doch in der zweiten Klasse bereitete mir das Fach Mathematik ein paar Schwierigkeiten. Ich hatte meinen ersten kleinen Kampf in meinem Leben zu führen. Ich wollte damals auf keinen Fall „Sitzen bleiben." Sonst wäre ich doch nicht mehr mit meinen Freunden in einer Klasse gewesen. Davor hatte ich große Angst. Ich habe nicht aufgegeben und im Unterricht so gut wie ich konnte mitgearbeitet. Doch meine Eltern waren davon nicht so ganz überzeugt... Sie wollten mit der Rektorin über meine schulischen Leistungen sprechen. Also wurde ein Termin zu einem persönlichen Gespräch vereinbart. Davon wusste ich aber nichts. Das Problem war, wie bei den meisten Schülern auch heute noch, das Schulfach Mathematik. Meine Hausaufgaben habe ich stets zuverlässig und ordnungsgemäß erledigt. Doch das gewisse Verständnis für die geforderten Aufgaben hat mir zu diesem Zeitpunkt leider gefehlt. So drohte mir die nicht Versetzung in das 3. Schuljahr. Und das wollte ich auf keinen Fall zulassen. Ich wollte nicht im 2. Schuljahr sitzen bleiben. Schon garnicht wenn meine Schulfreunde nicht mehr mit mir in einer Klasse gewesen wären. Also sagte ich das meinen Eltern. Sie versprachen mir darüber nachzudenken. Also sprachen meine Eltern dieses Thema bei einem nächsten Gespräch mit der Rektorin an.

Die Rektorin hörte aufmerksam zu.
Schließlich sagte Sie: „Ich weiß genau
wie sich Ihr Sohn fühlt und warum er sich
so vor dem Nichtversetzen fürchtet. Ihr
Sohn wird in die Klasse 3c versetzt", sagte
die Rektorin anschließend. Meine Eltern
waren erleichtert zusammen mit der
Rektorin eine Lösung gefunden zu haben.
Ich wusste von dem persönlichen Gespräch
zwischen meinen Eltern und der Rektorin
wie schon erwähnt, nichts. Genauso wusste
ich auch nicht, dass es jetzt schon
feststand, dass ich in das 3. Schuljahr
versetzt werde und nicht sitzen bleiben
muss. Meine Eltern erzählten mir dann
einige Wochen vor den Sommerferien, dass
sie mit der Rektorin über meine Sorgen um
die Nichtversetzung gesprochen haben
und die Rektorin davon überzeugt werden
konnte, mich doch in das 3. Schuljahr zu

versetzen. Als ich das hörte, fiel mir ein Stein vom Herzen. Juhu, ich hatte meinen ersten Kampf in meinem Leben gewonnen. Ich habe dafür gekämpft, dass ich nicht sitzen bleibe und trotz Defiziten im Schulfach Mathematik in das 3. Schuljahr versetzt werde... An dieser Stelle möchte ich allen Eltern, die auch Schulkinder haben einen guten Rat geben. Wenn die Kinder in Schulfächern Probleme haben sollten, nicht sofort aufgeben und einfach sagen: „Du machst das Schuljahr nochmal". Als erstes mit dem Kind darüber in Ruhe reden über die Probleme und Schwierigkeiten in Bezug auf das Schulfach, indem Ihr Kind Schwierigkeiten oder Probleme hat. Danach sprechen Sie am besten mit dem Klassenlehrer- oder der Klassenlehrerin darüber, gegebenenfalls mit dem Rektor- oder der Rektorin und fragen Sie nach, wie die das Problem ansehen und lassen sich beraten.

Danach lassen Sie einfach Ihr Bauchgefühl entscheiden, ob Ihr Kind wirklich das Schuljahr wiederholen soll oder nicht. Es liegt in Ihren Händen. Sie sind die Eltern und Sie wissen, was für Ihr Kind das Beste ist. ☺

Kapitel 3

„Ein großer Verlust"

Nun ja ich wurde in das 3. Schuljahr versetzt. Meine Sorgen waren weg und ich kam auch im Mathematikunterricht besser mit. Hört sich ja eigentlich ganz gut an, doch es sollte nicht so bleiben... Meinen ersten Kampf in meinem damals so jungen Leben hatte ich ja erfolgreich gewonnen. Doch es stand der nächste Lebenskampf bevor. Mein Opa bekam die ärztliche Diagnose: Krebs. Wir waren alle geschockt. Damit hat niemand gerechnet. Für meinen Opa stand fest, keine Chemotherapie. Für mich war das ein heftiger Schlag. Ich war ja auch gerade erst neun Jahre alt. So richtig verstanden habe ich das damals noch nicht, was es bedeutet Krebs erkrankt zu sein und welche Folgen sich daraus leider ergeben können, wenn man auf eine

Chemotherapie verzichtet. Mein Opa lebte zusammen mit meiner Oma im Süden Deutschlands. Es war uns daher nicht so oft möglich, beide regelmäßig zu besuchen, aufgrund der weiten Entfernung. Wir waren meistens zweimal im Jahr bei Oma und Opa und haben sie besucht. Trotzdem, wir haben jeden Tag mithilfe des Telefons den Kontakt gepflegt und uns ausgetauscht was wir so am Tag gemacht haben und wie bei uns das Wetter ist. Wenn ich bei meinem Opa zu Besuch war hat er mir oft schöne Geschichten erzählt oder wir sind zusammen in unsere „Werkstatt" gegangen. Eigentlich war es keine richtige Werkstatt, eher die Garage. Aber wir haben es immer als unsere „Werkstatt" bezeichnet. Dort wurden viele Werkzeuge von meinem Opa aufbewahrt. Natürlich hatte er all diese Werkzeuge in Gebrauch. Wenn ich dann zu Besuch war, haben wir oft handwerklich gearbeitet und das Werkzeug dazu benutzt. Wir haben dann schöne Werke selbst entworfen und auch selbst per Hand und mithilfe des notwendigen Werkzeugs zusammengebaut. Eines der letzten Geschenke meines Opas, ist ein großes altes Buch über die Natur- und Tierwelt. Ich weiß noch genau, wie mein Opa mir dieses Buch überreichte. Damals habe ich oft darin gelesen. Viele interessante Informationen sind dort über viele Tierarten und Naturräume enthalten. Bis heute bewahre ich dieses Buch auf, wie einen Schatz. Es ist eine Erinnerung an meinen Opa. Und es ist das letzte Geschenk was ich von ihm bekommen habe. Deshalb ist es mir auch so viel wert. Im Frühjahr meines 3. Schuljahres kam dann die schreckliche Nachricht. Mein Opa hat den Kampf gegen die Krebserkrankung verloren und ist verstorben. Für uns alle war es ein herber Rückschlag. Vorallem war es auch für mich ein bisschen schwierig, mich auf die Schule zu konzentrieren und gleichzeitig zu trauern. Ich wollte ja nicht wieder davor Angst haben, sitzen zu bleiben. Mein zweiter Lebenskampf hatte nun begonnen, leider.

Es kehrte nun die Zeit der tiefen Trauer in unserer Familie ein. Keine schöne Zeit. Für meine Eltern und für mich war klar, dass wir uns sofort auf den Weg nach Süddeutschland zu meiner Oma machen und ihr tröstend zur Seite stehen. Ein Teil meiner Verwandtschaft war ja hier in Westfalen wohnhaft und der andere Teil in Süddeutschland. Natürlich wollten wir auch den lieben Verwandten aus Süddeutschland tröstend zur Seite stehen. Also machten wir uns so schnell wie möglich auf den Weg. Meine Eltern haben natürlich vorher mit meiner Klassenlehrerin über den Trauerfall gesprochen und über die weite Entfernung, die ja für die Anreise zur Beerdigung notwendig war. Die Klassenlehrerin zeigte sich mitfühlend und verständnisvoll und gewährte eine sogenannte „dreitägige Beurlaubung." Ich war also von der Schule für drei Tage vom Unterricht befreit, um überhaupt an Opas Beerdigung teilnehmen zu können. Also fuhren wir am nächsten Tag los. Mit einem mulmigen Gefühl stiegen wir in das Auto. Denn wir wussten ja, wenn wir bei Oma ankommen, dass wir Opa nicht mehr sehen können und ihn auch nicht mehr in den Arm nehmen könnten. Es war ein furchtbares und unbeschreibliches Gefühl. Einfach nur furchtbar. Nach gut vierstündiger Autofahrt, kamen wir bei Omas Haus an. Sie stand schon in der Tür und wartete, bis wir sie begrüßten. Als erstes habe ich sie erstmal kräftig umarmt und feste gedrückt. Sie hielt mich ganz feste im Arm und sagte: „Ich bin ja so froh, dass ihr jetzt bei mir seid."

Wir sind dann alle zusammen in das Haus gegangen. Als erstes ist uns das leere Zimmer aufgefallen, wo Opa immer saß. Es war leer. Das war für uns alle nicht so leicht, das zu verstehen und zu begreifen, dass Opa nicht mehr da ist... Wir fingen alle an zu weinen. Nachdem wir uns wieder einigermaßen beruhigen konnten, hat Oma Kaffee gekocht und Kuchen auf den fertiggedeckten Tisch gestellt. Sie sagte: „Kommt Ihr seid doch bestimmt hungrig nach dieser langen und anstrengenden Anreise." Wir haben uns daraufhin hingesetzt und angefangen zu essen. Es war schön, ihr jetzt in dieser schweren Zeit beizustehen. Auch wir haben zu diesem

Zeitpunkt ja auch keine leichte Zeit vor uns gehabt, aber wir konnten uns in diesen Tagen des damaligen Besuches gegenseitig trösten und neue Kraft schöpfen. Das hat uns allen gutgetan. Zwei Tage nach unserer Ankunft, stand nun der Tag der Beerdigung bevor. Besser gesagt der Tag des Trauergottesdienstes. Eine Beerdigung fand so gesehen garnicht statt. Der letzte Wunsch von meinem Opa war, dass er anonym beerdigt werden möchte, damit die Kinder keine Arbeit mit dem bepflanzen der Ruhestätte haben. Das war immer seine Begründung und auch sein letzter Wunsch. Und diesen wollten wir ihm natürlich auch erfüllen. Deshalb hat sich meine Tante beim Bestatter erkundigt, welche Möglichkeiten es gibt eine anonyme Beerdigung durchzuführen. Wir alle haben uns für die Möglichkeit entschieden, die Urne hinter einer Tür für zehn Jahre ruhen zu lassen.

Nach den zehn Jahren wird dann die Urne anonym an einer für uns alle unbekannten Stelle auf dem Friedhof beigesetzt. Hinter dieser Tür befinden sich Regale, in denen noch andere Urnen von anderen verstorbenen Menschen ruhen. Diese Tür ist auf dem Friedhof und sie wird auch nur für das Bestattungspersonal geöffnet. Niemand anderes bekommt Eintritt gewährt. Deshalb fand damals auch keine Beerdigung statt, da ja niemand anderes außer das Bestattungspersonal dabei sein darf, wenn die Urne in das Regal hinter der Tür zum Ruhen gebracht wird. Nach dem eine Urne in das Regal zum Ruhen gestellt wurde, wird die Tür wieder verschlossen.

Das heißt, wenn man Blumen niederlegen möchte, kann man das nur vor der verschlossenen Tür. Das ist aber auch erlaubt. Dafür wurde sogar ein kleines Beet angelegt, auf dem etwas an Blumen oder

Kerzen niedergelegt werden darf. Als ich das erste Mal gesehen und auch davon gehört habe, wie mein Opa beerdigt werden soll und vorallem wo, habe ich einen kleinen Schreck bekommen. Ich konnte mir das einfach nicht vorstellen, vor einer verschlossenen Tür zu stehen... es war furchtbar für mich. Ich war ja auch erst gerade neun Jahre alt. Viel zu jung um das zu verstehen.

Es war Samstagnachmittag und der Tag des Trauergottesdienstes stand bevor. Da wir ja religiös sind, fand auch der Trauergottesdienst in der Kirche vor Ort statt. In so einem Trauergottesdienst wird der verstorbenen Person gedacht und der Lebenslauf vorgelesen. Dieser Trauergottesdienst ist Vorallem zum Trost der Hinterbliebenen und Angehörigen gedacht. Man bezeichnet diesen Gottesdienst auch als sogenannten

Trostgottesdienst. Nun ja wir haben uns dann auf dem Weg zur Kirche gemacht. Zusammen haben wir uns dann alle als Familie in die ersten Bankreihen gesetzt. Die Orgel fing an zu spielen. Und der Trauergottesdienst hat begonnen. Auf eigenem Wunsch, wurde ein Foto von meinem Opa aufgestellt. Ich schaute die ganze Zeit während des Trauergottesdienstes auf dieses Foto. Es war für mich sehr schmerzhaft das Foto von meinem Opa zu sehen und zu begreifen, dass ich ihn nie wiedersehen werde. Nachdem der Trauergottesdienst zu Ende war, sind wir alle zusammen in ein kleines Café gegangen. Dort war für uns schon ein separater Raum vorbereitet und vorbestellt. So gesehen: „Geschlossene Gesellschaft." In einem angemessenen Rahmen haben wir in diesem Raum gesessen und uns unterhalten. Der Nachmittag verging wie im Flug und wir waren schon froh, dass wir diesen Tag gut überstanden hatten. Wir sind dann noch zwei Tage bei meiner Oma im Süden Deutschlands geblieben und haben ihr noch bei weiteren Angelegenheiten unterstützend zur Seite gestanden. Dann hieß es auch für uns wieder „Auf Wiedersehen" zu sagen.

Wir haben uns also wieder auf dem Nachhauseweg gemacht. Ich musste ja den nächsten Tag auch wieder in die Schule, leider. ☹
Wieder gut Zuhause angekommen, ging es für mich auch schon wieder in die Schule und in den Unterricht. Als ich an der Schule angekommen bin, fragten mich meine Mitschüler was denn passiert sei und wo ich denn die letzten Tage gewesen bin?
So erklärte ich eben meinen Mitschülern was passierte und wo ich gewesen bin. Daraufhin kam schon unsere

Klassenlehrerin. Sie sagte: „Schön, dass Du wieder da bist, Alexander. Ich möchte mit Dir gleich noch eben kurz sprechen", fügte sie noch hinzu. Der Unterricht hatte begonnen und ich hatte Schwierigkeiten mich auf das Unterrichtsfach zu konzentrieren. Ich musste oft an meine Oma und an meinen verstorbenen Opa denken. Aber dafür war eben gerade leider der falsche Zeitpunkt. Ich wurde plötzlich aus meinen Gedanken gerissen, als die Klassenlehrerin mich ansprach: „Alles gut, Alexander?" Ich antwortete blitzschnell mit einem leichten lächeln: „Ja alles gut." Ich war froh, dass ich so schnell antworten konnte, damit keiner merkt wie sehr ich in meinen Gedanken vertieft war.

Die Klassenlehrerin sagte plötzlich: „So Alexander, ich möchte mich mal mit dir vor der Tür kurz unterhalten." Wir gingen also vor die Tür des Klassenzimmers und meine

Lehrerin fragte mich wie es mir momentan geht und ob ich mit dem Unterrichtsstoff gut mitkommen würde. Ich bestätigte ihr beides mit: „Ja, gut." Sie war mit mir und meiner Arbeitsauffassung zufrieden. Ich habe ja die Hausaufgaben stets erledigt und auch im Unterricht gut mitgearbeitet. Das sagte mir auch nochmal meine Lehrerin. Ich war erleichtert, dass es kein negatives Gespräch war, sondern ein positives. Meinen zweiten Lebenskampf hatte ich also auch so gut wie gewonnen, Yippie! Bis auf etwas trauern um meinen geliebten Opa, aber das gehört nun mal dazu.

Kapitel 4

„Das Abschiedsfest und die Lesenacht"

Das 3. Schuljahr neigte sich dem Ende zu und ich wurde schon in die vierte Klasse versetzt. Noch ein Schuljahr und ich habe es endlich geschafft. ☺ Für alle Schüler unserer Schule hieß es nicht nur: „Ein neues Schuljahr beginnt", sondern auch: „Ein neues Schulgebäude ist für alle Schüler gebaut worden". Endlich mal ein schönes Erlebnis in meinem Leben. Ich durfte noch als Schüler in das neu erbaute Schulgebäude den Unterricht für ein Schuljahr erleben. Ich habe mich wirklich gefreut. Jetzt fragen sich bestimmt viele Leserinnen und Leser, warum denn ein neues Schulgebäude gebaut wurde? Diese mögliche Frage beantworte ich sehr gerne. Das ehemalige Schulgebäude ist mehrere

Jahrzehnte alt gewesen, fast schon an die hundert Jahre. In vielen Räumen befand sich inzwischen Schimmel und einige Risse bahnten sich teilweise den Weg durch das Gemäuer. „Den Schülern soll ein neues Schulgebäude gewährleistet werden", hieß es damals in einem Zeitungsbericht der Tageszeitung. Das neue Schulgebäude war nun bezugsfertig. Doch bevor wir in das neue Gebäude eingezogen sind, hat unsere Rektorin zwei Wochen vor dem Beginn der Sommerferien ein Abschiedsfest für unser ehemaliges Schulgebäude angekündigt. Natürlich wurden für dieses Fest fleißige Helfer und Hände gesucht. Meine Eltern und ich meldeten uns umgehend zum Helfen. Tische aufbauen, Kuchen backen und vor Ort verkaufen und hinterher wieder mithelfen beim Abbauen. Es hat uns großen Spaß bereitet, bei dem Fest so mitzuwirken und zu helfen.

Eine große Bühne wurde auf dem Schulhof aufgebaut. Dort wurde das Lied: „Alte Schule altes Haus" von allen Schülern vorgetragen. Das war das sogenannte „Highlight" des Abschiedsfestes. Dieses Lied haben wir Schüler einige Wochen vor dem Abschiedsfest eingeprobt. Wir konnten es sogar am Tag der Aufführung auswendig vortragen. ☺ Nachdem der Vortrag von uns Schülern mit einem großen Applaus der Eltern, Lehrer und Gäste bekundet wurde, konnten wir Schüler basteln gehen oder etwas essen oder an einem Rätsel teilnehmen.

Einer sogenannten „Rallye". Ich habe mich für die „Rallye" entschieden. Bei erfolgreicher Auflösung des Rätsels, hat man einen Preis bekommen. Es war ein Foto von dem ehemaligen Schulgebäude. „Zur Erinnerung" stand auf dem Bild. Ich habe mich über diesen Preis sehr gefreut.

Ein kleines Andenken an die alte Schule. Danach bin ich mit meinen Eltern zum Grillstand gegangen und wir haben zusammen „Bratwurst im Brötchen" gegessen. Und danach noch etwas Kuchen. Und dann waren wir erstmal satt. Nachdem wir ein paar Kalorien zu uns genommen haben, konnten wir diese auch gleich wieder abtrainieren. ☺ Es hieß: „aufräumen" und „abbauen." Wir haben uns ja freiwillig zuvor als Helfer angeboten. Also nicht lange zögern, sondern anpacken, denn wie heißt es so schön: „Viele Händ' schaffen schnell ein End'." Wir packten alle mit an, meine Eltern, andere Helfer und natürlich auch ich selbst. Es hat Spaß gemacht die Bierbänke einzuklappen... Aber dann waren wir auch ganz schön müde. Es war ja ein langer und aufregender Tag gewesen.

Zuhause angekommen hieß es erstmal: „Füße hochlegen und ausruhen." Zum Glück fand das Fest an einem Freitag statt. So konnten wir wenigstens länger ausschlafen und ich musste den nächsten Tag nicht wieder zur Schule. Nachdem nun das Fest vorüber war, plante unsere Klassenlehrerin etwas Spannendes: „Eine Lesenacht mit Übernachten." Ich war total begeistert. Jeder aus unserer Klasse sollte sein Lieblingsbuch mitbringen. Und natürlich auch einen Schlafsack, Schlafanzug, Zahnbürste und etwas zu Essen. Der Tag der Lesenacht stand vor der Tür. Ich konnte es kaum noch erwarten. So aufgeregt war ich. Zusammen mit meinen Eltern sind wir mit zwei großen Taschen zur Schule gefahren. Natürlich mit dem Bus. Das weiß ich heute noch ganz genau. Wir sind dann zusammen in mein Klassenzimmer gegangen wo wir dann übernachteten. Dort waren auch schon meine Mitschüler mit ihren Eltern und haben die Schlafsäcke bereits aufgebaut. Mein Papa hat mir dann auch beim aufbauen des Schlafsackes und beim aufpusten der Luftmatratze geholfen. Dann haben Mama und Papa zu mir gesagt: „Hab eine schöne Lesenacht, viel Spaß, bleib anständig und dir später eine gute Nacht." Mit einer Umarmung verabschiedete ich mich von meinen Eltern.

Mama und Papa haben noch mal gewunken und dann sind sie gegangen. Nun hatten alle Schüler ihre Schlafplätze im Klassenzimmer aufgebaut und wir versammelten uns in einem anderen Klassenzimmer nebenan. Wir setzten uns alle zusammen in einem Stuhlkreis hin und hörten unserer Klassenlehrerin aufmerksam zu. Sie hat uns einige Kapitel aus dem Buch: „Fliegender Stern" vorgelesen. Ein spannendes Buch über einen mutigen Indianerjungen, der viele spannende Abenteuer erlebt hat. Nachdem unsere Klassenlehrerin uns einige Kapitel aus dem Buch vorgelesen hat, bekamen wir Arbeitsblätter ausgeteilt. Dort waren Aufgaben enthalten, die sich auf dieses Buch: „Fliegender Stern" beziehen. Diese sollten von uns Schülern gelöst werden, indem wir das Buch weiterlesen sollten. Also legten wir sofort mit der Arbeit los. Mit viel Fleiß und Eifer machten wir uns alle an die Arbeit, denn die geforderten Aufgaben sollten bis zum nächsten Tag bearbeitet und gelöst sein. Wir machten uns Notizen und lösten somit die Aufgaben. Bis spät in den Abend. Wir waren alle sehr müde, als wir mit den Aufgaben nun endlich fertig waren. Wir legten uns deshalb in unsere aufgebauten Schlafsäcke. Wir sollten ja eines unserer

Lieblingsbücher mitbringen. Nun konnte jeder freiwillig aus seinem Lieblingsbuch ein oder zwei Kapitel vor den Mitschülern vorlesen. Dafür wurde ein Stuhl vor die Tafel gestellt, auf dem sich der Schüler setzen sollte, der eben gerade aus seinem Lieblingsbuch vorliest. Es war sehr schön den Mitschülern beim Vorlesen der Geschichten zuzuhören. Als unsere Klassenlehrerin merkte, dass fast alle eingeschlafen waren, sagte sie: „Ok du kannst noch vorlesen, aber dann gehen wir schlafen." Nachdem auch noch die letzte Geschichte vorgelesen wurde, machte unsere Klassenlehrerin das Licht aus und sagte: „Gute Nacht und schlaft schön." Bevor sie das Licht ausgemacht hatte, schaute ich noch kurz auf die Uhr unseres Klassenzimmers. Wir hatten schon 1 Uhr nachts. Ich war so glücklich. Das war damals das längste wachbleiben in meinem

Leben, Yippie. ☺ Am nächsten Morgen waren die meisten gut ausgeschlafen. Es gab Frühstück im Klassenzimmer nebenan. Der Tisch war bereits gedeckt und Brötchen wurden ebenfalls schon geholt. Es war alles schön angerichtet.

Alle Schüler kamen in das Klassenzimmer gelaufen und haben sich an den reichlich gedeckten Frühstückstisch gesetzt. Es gab alles was so Schulkinder gerne zum Frühstück essen. Nutella, Marmelade, Kiri und auch leckeren Kakao. Aber auch leckeres, frisches Obst wie Bananen und Äpfel. Wir haben dann ordentlich gefrühstückt, wir hatten ja auch Hunger. Nach dem leckeren Frühstück haben wir alle beim Aufräumen mitgeholfen und unsere Schlafsäcke und Bücher wieder eingepackt. Dann sagte unsere Klassenlehrerin zu uns: „Wir haben da noch etwas für Euch, ein kleines Geschenk." Sie holte mit der Referendarin einen Stoß Bücher hervor. Aber nicht irgendwelche Bücher. Nein! „Was ist Was?"- Bücher hatte sie hervorgeholt. Diese Bücher fand ich sehr spannend und interessant. Wir durften uns alle ein Buch aussuchen. Ich hatte mir eins mit dem Thema: „Dinosaurier" ausgesucht. Dieses Geschenk sollte als Erinnerung an diese Lesenacht in dem alten Schulgebäude dienen. Gegen 10 Uhr morgens wurden wir dann von unseren Eltern abgeholt. Ich zeigte Mama und Papa stolz mein Buch. Dann gingen wir aber noch nicht direkt nach Hause, denn meine Oma aus Westfalen hatte an diesem Tag Geburtstag. Wir freuten uns sehr auf die Geburtstagsfeier und durften alle einen schönen Tag erleben.

Kapitel 5

„Der Umzug in das neue Schulgebäude"

Nun war das Abschiedsfest und die Lesenacht zum Gedenken an das ehemalige Schulgebäude vorüber und es hieß für uns Schüler: „Abschied nehmen vom alten Schulgebäude." Unsere Klassenlehrerin teilte uns daher ein Informationsblatt aus, wo draufstand, dass wieder einmal fleißige Helfer und Hände gesucht werden; damit das Schulgebäude leergeräumt wird. Denn es haben sich ja noch „Möbel" und andere Gegenstände im Keller, den Klassenzimmern und auf dem Dachboden der Schule befunden. Und damit, dass alles leergeräumt werden kann, wurden eben fleißige Helfer gesucht. Das Schulgebäude musste so schnell wie möglich geleert werden, denn es sollte hinterher noch der Abriss des Gebäudes erfolgen. Also zeigte ich meinen Eltern den Info-Zettel. Natürlich zögerten wir nicht lange und kündigten unser Kommen und das Helfen an. Zwei Tage später war es dann soweit. Alle Helfer, darunter auch meine Eltern und auch ich, versammelten sich in der Eingangshalle der Schule. Die Rektorin hat erstmal alle freiwilligen Helfer willkommen geheißen und sich für die freiwillige Hilfe schon mal im Voraus bedankt. Danach hieß es: „Die weiblichen Helfer gehen bitte in die einzelnen Klassenzimmer und helfen bitte beim Einpacken der Bücher und die männlichen Helfer gehen bitte in den Keller bzw. auf den Dachboden und helfen bitte dort beim Ausräumen der Tische, Stühle und Kartons. Also machte sich Mama auf den Weg in ein Klassenzimmer und Papa und ich wir gingen in den Keller. „Da müssen wir nicht so ganz viele Treppen steigen", sagte Papa zu mir. Ich schmunzelte. Mit viel Kraft und Eifer räumten wir mit den anderen Helfern den Keller aus. Es hat viel Spaß gemacht, auch wenn die Tische und Stühle recht schwer waren. Die Zeit verging wie im Flug und wir waren schnell mit dem Keller ausräumen fertig. Auch die Helfer auf dem Dachboden und die Helferinnen in den Klassenräumen waren bereits fertig. Das Schulgebäude war also leer. Ein letztes Mal wurden die Türen von der Rektorin abgeschlossen. Dann sind auch wir nach Hause gegangen. Es war schön wieder einmal so helfend die Schule zu unterstützen. Nachdem nun das Schulgebäude leergeräumt war, fingen auch schon kurze Zeit später die Bagger mit dem Abriss des Schulgebäudes an. Währenddessen gingen die Sommerferien vorüber und das vierte Schuljahr für uns Schüler startete in dem neuen Schulgebäude. Wir waren alle sehr gespannt wie die neue Schule wohl von innen aussehen wird. Der erste Unterrichtstag nach den Sommerferien stand nun vor der Tür und eben auch der erste Tag an der neuen Schule. Wir wurden in die neue Aula geführt und dort von unserer Rektorin: „Herzlich Willkommen" geheißen. Nach einer kleinen Begrüßungsrede unserer Rektorin gingen wir zusammen mit unserer Klassenlehrerin in das neue Klassenzimmer. Es war sehr schön und gemütlich. Als erstes setzten wir uns alle auf unseren bisherigen Plätzen. Dann sagte unsere Klassenlehrerin: „Zum Einstieg in das neue Schuljahr und das neue Schulgebäude möchten wir zusammen ein Lied singen." Es war das Lied von Reinhard Mey: „Über den Wolken." Ein sehr schönes Lied.

Kapitel 6

„Grundschule, was danach?"

Das vierte und somit letzte Schuljahr an der Grundschule verging viel zu schnell und der Abschied stand bevor. Ebenso die Auswahl einer weiterführenden Schule. Gymnasium, Realschule, Hauptschule oder doch die Gesamtschule? Das war hier die Frage, die sich meine Eltern und meine Klassenlehrerin stellten. Gut vier Wochen vor dem letzten Unterrichtstag an der Grundschule, teilte unsere Klassenlehrerin ein Informationsblatt aus. Auf diesem stand drauf, dass ein Beratungsgespräch mit der Klassenlehrerin angeboten wird, wo über die Leistungen des Kindes gesprochen werden kann und daraufhin eine Empfehlung der Klassenlehrerin gegeben wird, welche weiterführende Schule für das Kind die beste wäre. Meine Eltern nahmen das Angebot an, sowie auch weitere Eltern.

Bei dem Gespräch bin ich nicht mit dabei gewesen. Deshalb kann ich nicht viel dazu sagen, was dort alles mit meinen Eltern besprochen wurde. Zurzeit des Gesprächs war ich bei meiner Oma und meinem Opa aus Westfalen. Ich weiß nur wie Mama und Papa mich abgeholt haben und mir sagten: „Wir konnten uns mit deiner Lehrerin einigen. Du kommst auf die Hauptschule. Das ist unsere elternliche Entscheidung. Uns ist egal was die Lehrerin sagt, das bestimmen wir als Eltern und natürlich auch du, auf welche Schule du gehen wirst." Ich war erleichtert. Für mich stand im Vorhinein fest, dass ich nicht auf die Realschule gehen möchte. Auch wenn mir viele aus dem Bekanntenkreis von der Hauptschule abgeraten haben. Für mich stand fest, dass ich zur Hauptschule gehen möchte. Meine Eltern haben mich zu dieser Zeit nicht unter Druck gesetzt, damit ich auf eine „bessere" weiterführende Schule gehe. Sie haben immer gesagt: „Wie es deine schulischen Leistungen zulassen, werden wir sehen auf welche Schule du nach den Sommerferien gehen wirst." Sie haben mich nie unter Druck gesetzt was das die schulischen Leistungen betrifft. Und genau das schätze ich so an meinen Eltern. ☺ Ich glaube es ist wieder mal an der Zeit, den Eltern einen guten Rat zu geben, die auch Kinder in der Schule haben. Wenn Ihr Kind das vierte Schuljahr vollendet und es Zeit für die Suche nach der passenden weiterführenden Schule wird, dann tun Sie Ihrem Kind einen gefallen. Setzen Sie das Kind nicht unter Druck, bezüglich der schulischen Leistungen. Wenn Ihr Kind aufgrund mangelnder Leistungen nicht das Gymnasium oder die Realschule besuchen kann ist das überhaupt nicht schlimm. Wenn das Kind so gerne auf die angestrebte Schule gehen möchte, die schulischen Leistungen dies aber leider nicht zulassen, dann sprechen Sie mit Ihrem Kind in aller Ruhe darüber. Erklären Sie, dass auch auf Umwegen ein guter Schulabschluss erreicht werden kann. Ich möchte mich jetzt hiermit nicht selbst loben, aber nehmen Sie mich als Beispiel, wenn Ihnen das weiterhilft. Ich bin auch nur auf die Hauptschule gegangen, aber ich habe an einer Hauptschule die mittlere Reife (FOR) gemacht und danach bin ich noch auf ein Berufskolleg gegangen und habe das Fachabitur (FHR) absolviert. Kaum zu glauben aber wahr. Auch Ihr Kind kann das schaffen. Sie müssen nur Ihrem Kind zur Seite stehen und daran glauben. Vorausgesetzt ist aber auch Lernbereitschaft von der Seite des Kindes.

Ohne Lernen und Fleiß wird es schwierig werden eine gute Schulbildung zu erreichen. Sie wissen was für Ihr Kind gut ist. ☺ Niemals aufgeben oder den Kopf hängen lassen. ☺

Sie werden sich schon einigen können und die passende Schule für Ihr Kind finden. Da bin ich mir sicher. ☺

Kapitel 7

„Die Abschiedsfeier an der Grundschule"

Der letzte Elternabend war vorüber und jeder aus meiner Klasse wusste nun, auf welche weiterführende Schule er gehen wird. Die meisten gingen auf die Realschule, drei auf das Gymnasium und fünf auf die Hauptschule. Ich war froh, dass ich nicht ganz alleine auf eine weiterführende Schule gehen musste. Wir fünf verstanden uns auch so in der Klasse schon ganz gut. So konnten wir uns also auch freuen demnächst zusammen auf eine weiterführende Schule zu gehen. Unsere Klassenlehrerin teilte uns nun etwas wichtiges mit: „Liebe Kinder, zum Abschied möchte ich Euch zu mir nach Hause einladen, zum Grillen und übernachten in meinem Garten", dies sagte unsere

Klassenlehrerin mit einem strahlenden Lächeln. Die ganze Klasse jubelte und klatschte in die Hände. Wir waren alle sehr begeistert von der Idee unserer Klassenlehrerin. Grillen und übernachten in dem Garten der Klassenlehrerin. So etwas wünscht sich doch jeder Schüler. Wir bekamen einen Info-Zettel mit nach Hause auf dem draufstand, was wir alles mitbringen sollten und was als Abschiedsfeier so geplant war. Der Zettel sollte dann so schnell wie möglich von den Eltern unterschrieben und bei der Klassenlehrerin wieder abgegeben werden. Ich habe also umgehend den Zettel meinen Eltern gezeigt und ihnen davon erzählt. Meine Eltern waren davon sehr erfreut, dass unsere Klassenlehrerin den Schülern zum Abschied eine so schöne Möglichkeit bietet. Natürlich haben sie den Zettel unterschrieben und ich konnte ihn am nächsten Tag meiner Klassenlehrerin zurückgeben. Gut eine Woche später, war es dann soweit. Die bevorstehende Abschiedsfeier im Garten unserer Klassenlehrerin mit anschließendem Übernachten stand bevor. Wir waren alle sehr aufgeregt und freuten uns sehr darauf. Wir alle haben uns an der Schule mit unseren Fahrrädern getroffen und sind dann alle gemeinsam zum Garten unserer Klassenlehrerin gefahren. Nach der kleinen Anfahrt mit den Fahrrädern sagte unsere Klassenlehrerin: „Ihr lieben Kinder, schön, dass ihr alle gekommen seid. Wir sind nun an unserem Ziel angekommen. Kommt doch bitte herein und seid herzlich willkommen." Wir gingen daraufhin alle in das Haus. Sie führte uns in den Garten. Dort war schon alles für unser Abschiedsfest vorbereitet. Der Grill war schon angestellt und der Tisch war bereits reichlich mit Salaten und Brot gedeckt. Jeder durfte sich nun einen Platz am Tisch aussuchen. Wir setzten uns alle hin und der Mann unserer Klassenlehrerin fing an für uns Bratwürstchen und Steaks zu grillen. In der Zwischenzeit haben wir uns mit der Klassenlehrerin unterhalten. Die Bratwürste und Steaks waren kurzer Zeit fertig und es wurde reichlich gegessen. Wir hatten ja auch großen Hunger. ☺ Nach dem ergiebigen Abendessen haben wir dann schonmal unsere mitgebrachten Zelte und Schlafsäcke im Garten aufgebaut, in denen wir dann später übernachtet haben. Als nächstes wurde nun ein Überraschungsgedicht zum Abschied für unsere Klassenlehrerin vorgetragen. Sie hat sich sehr darüber gefreut und Freudentränen waren in ihrem Gesicht zu sehen. Dieses Gedicht haben wir Schüler zusammen selbst verfasst und es war auch unsere Idee, dieses Gedicht zum Abschied vorzutragen. Der Abend verging viel zu schnell, so schön war er und es wurde Zeit, schlafen zu gehen. Wir machten uns bettfertig und stiegen in unsere aufgestellten Zelte und Schlafsäcke. Die Nacht war kurz und der nächste Tag hatte bereits begonnen. Ein sonniges Wetter begrüßte uns Schüler an diesem neuen Tag. Das Frühstück war bereits vorbereitet und wir konnten dann noch gemütlich frühstücken, bevor es wieder zurück zur Schule ging. Nach dem ausgiebigen Frühstück ging es dann zusammen mit der Klassenlehrerin wieder zurück zur Schule, denn dort gab es dann noch das letzte Zeugnis. Wir versammelten uns alle auf dem Schulhof und warteten gespannt auf unsere letzten Zeugnisse von der Grundschule. Die Klassenlehrerin teilte nun für jeden Schüler das jeweilige Zeugnis aus.

Dann sagte sie: „Ihr lieben Kinder, nun habt ihr ja eure Zeugnisse bekommen und zum Abschied möchte ich Euch allen auch noch etwas schenken." Sie holte aus ihrer Tasche einen Stapel Karten und DVDs.

Für jeden teilte sie nun jeweils eine Karte und eine DVD aus und sie sagte noch anschließend: „Die Karte könnt ihr Euch in aller Ruhe durchlesen und die DVD enthält zur Erinnerung an die Grundschulzeit viele Fotos von Euch Schülern und von Klassenausflügen und Schulveranstaltungen. Ich wünsche Euch damit viel Spaß." Dann kamen auch schon unsere Eltern, um uns abzuholen. Die Klassenlehrerin bedankte sich nochmal bei den Eltern für das Vertrauen und wir verabschiedeten uns von allen. Die Schulzeit an der Grundschule war somit vorbei und die Sommerferien standen nun vor der Tür.

Kapitel 8

„Der erste Unterrichtstag an der weiterführenden Schule"

Wie jedes Jahr besuchten wir in den Sommerferien meine Oma in Süddeutschland. Das war dann immer unser kleiner, jährlicher Urlaub. Der Besuch bei meiner Oma und die restlichen fünf Wochen der Ferien vergingen leider viel zu schnell so, dass es für mich wieder hieß: „Ab in die Schule." Die Schulzeit an der Grundschule war ja vorüber und ich wusste, dass ich jetzt auf eine weiterführende Schule gehen werde. Nämlich auf die Hauptschule mit fünf anderen Schülern aus meiner Grundschulklasse. Die Schultasche war nun schon fertig gepackt, die Sommerferien waren zu Ende und der erste Schultag nach den Ferien an der neuen Schule stand nun bevor. Meine Eltern und ich machten uns deshalb auf den Weg zur Schule. An der weiterführenden Schule angekommen, wurden wir Schüler in das Foyer der Schule geführt, wo auch schon der Schulleiter und die neuen Klassenlehrerinnen auf uns warteten. Wir sollten uns an Tischen einfinden. Auf den Tischen standen Getränke und Gläser, an denen man sich bedienen durfte. Nachdem sich alle Schüler und Eltern an den vorbereitenden Tischen eingefunden hatten, hat der Schulleiter mit seiner Begrüßungsrede begonnen und uns alle an der weiterführenden Schule „Herzlich willkommen" geheißen.

Die Klassenlehrerinnen, die neben dem Schulleiter standen, stellten sich ebenfalls wie der Rektor kurz vor. Dann wurden wir in die jeweiligen Klassen mit der dazugehörigen Lehrerin eingeteilt. Das alles verlief ziemlich zügig. Nun war ich in meiner neuen Klasse eingeteilt. Und die neue Klassenlehrerin führte uns zu unserem Klassenzimmer. Es war in der ersten Etage. Die Eltern durften uns Schülern ebenfalls in den Klassenraum folgen. Wir alle passten perfekt in den Raum. Dieser war ja zum Glück groß genug. Die Klassenlehrerin war sehr freundlich und sie freute sich sehr, uns nun als ihre neuen Schüler unterrichten zu dürfen. Als kleinen Willkommensgruß an der neuen Schule und in der neuen Klasse, hat unsere Klassenlehrerin für uns etwas ganz Besonderes vorbereitet. Sie hat für jeden einzelnen Schüler eine kleine Schultüte gebastelt und diese auch mit Süßigkeiten gefüllt. Wir alle und vorallem auch ich freuten uns sehr über dieses kleine Geschenk. Nachdem die Lehrerin nun die Schultüten an jeden einzelnen Schüler verteilt hatte, holte sie einen Fotoapparat heraus und sagte: „So jetzt möchte ich noch ein schönes Foto von jedem mit seiner Schultüte machen. Das Foto drucke ich dann jedem in Kürze aus und das dürft ihr dann gerne mit nach Hause nehmen." Wir alle waren von der Idee begeistert. Also stellte sich jeder einzeln mit der kleinen Schultüte in der Hand hin und die Lehrerin machte mit ihrem Fotoapparat ein schönes Foto. Dieses Foto habe ich bis heute aufbewahrt. Es ist eine schöne Erinnerung an diesen schönen, ersten Tag an der weiterführenden Schule. Nachdem nun die Lehrerin von jedem Schüler ein Foto mit der jeweiligen Schultüte gemacht hatte, war der erste Tag an der Hauptschule auch schon wieder vorbei. Wir gingen also wieder nach Hause. Meine Eltern und ich sind dann noch am Nachmittag spazieren gegangen. Und dann gab es auch noch Geschenke von Mama und Papa zum ersten Schultag an der neuen Schule.

Ich bekam eine neue Schultasche. Juhu. ☺
Ich habe mich richtig gefreut. Nicht dass
ich die andere Schultasche nicht mehr
haben wollte, aber die neue Tasche sah
schon besser aus. Immerhin ich ging ja
auch schon in die fünfte Klasse. Meine
neue Schultasche hat mir auf jeden Fall
sehr gut gefallen. Eine neue, blaue
Schultasche von meinen Eltern. Ein sehr
schönes Geschenk. Ich habe mich bei
meinen Eltern natürlich sofort dafür
bedankt.
Ich strahlte regelrecht vor Freude
an diesem Tag.

Kapitel 9

„Der traditionelle Urlaub"

Die ersten zwei Schuljahre vergingen wie
im Flug. In dieser Zeit habe ich viele neue
Freunde an der Hauptschule gefunden und
meine schulischen Leistungen haben sich
auch verbessert. Ich war mit meiner
damaligen Lebenssituation sehr zufrieden.
Doch der nächste Lebenskampf ließ nicht
lange auf sich warten. Näheres dazu folgt
gleich... Ich habe das 7. Schuljahr absolviert
und die Sommerferien des Jahres 2012
standen nun bevor. Standardgemäß sind
wir wie jedes Jahr zu meiner Oma nach
Süddeutschland gefahren, um sie zu
besuchen und dort etwas Urlaub zu
machen. Wir wussten aber nicht, dass es
das letzte Mal sein wird, dass wir bei
meiner Oma im Haus zu Besuch sein
werden. Der Aufenthalt war wie so oft

sehr schön. Meine Eltern haben mir dann während des Aufenthaltes eine Digitalkamera gekauft, die ich mir schon lange gewünscht hatte. Mit dieser Kamera habe ich dann viele Fotos gemacht. Von meiner Oma und meinen Eltern habe ich die meisten Fotos gemacht. Aber auch vom Haus, dem Garten und von städtischen Sehenswürdigkeiten habe ich Bilder gemacht. Das machte mir sehr viel Spaß. Meine Oma sagte sogar: „Die Kamera ist kein Spielzeug." Das sagte sie, weil ich oftmals zu viel mit der neuen Kamera Fotos und Videos gemacht hatte. Ich konnte sie ja auch verstehen, doch jetzt im Nachhinein bin ich wirklich froh, dass ich diese zahlreichen Fotos und Videos gemacht habe. Zwei meiner wichtigsten Videos sind einmal das Video, wo ich den schönen Garten gefilmt habe und ein anderes Video ist, wo meine Oma in der Küche sitzt und sich mit meinen Eltern unterhält. Diese Videos laufen zwar weniger als eine Minute, aber für mich sind diese sehr wertvoll. Es sind eben die letzten Fotos von unserem letzten Besuch und Urlaub in dem Haus von meiner Oma in Süddeutschland. Löschen würde ich diese letzten Fotos und Videos niemals. Das steht für mich fest. Fünf Jahre sind nun schon seit diesen Aufnahmen vergangen. Bis heute sehe ich mir noch immer gerne diese Fotos und Videos an und erinnere mich gerne an diese schöne Zeit zurück. Das war wenigstens noch eine schöne Zeit. Die Zeit darauf, war nicht mehr so schön. Meine Oma kam im selben Jahr in ein Seniorenheim. Meine Oma schaffte das alles körperlich nicht mehr. Den Garten, Haushalt, Kochen... Deshalb entschlossen wir uns, schweren Herzens, sie an ein Seniorenheim anzumelden. Auch meine

Oma wollte erst nicht dahin, hat sich aber hinterher doch dafür entschieden und gesagt: „Da lasse ich es mir so richtig gut gehen." Ein passendes Seniorenheim wurde gefunden. Das Heim kümmerte sich liebevoll um die älteren Menschen und es fanden viele Aktionen statt.
Zum Beispiel Ratespiele, wo Quizfragen den älteren Menschen gestellt wurden, die sie beantworten sollten.
Aber auch Bastelstunden oder Ausflüge auf den Weihnachtsmarkt fanden statt. Von dem Seniorenheim waren wir wirklich begeistert. Wir wussten, das Oma in gute Hände ist. Nun ja der Umzug vom Haus in das Seniorenheim war vollbracht und nun hieß es: „Das Haus muss verkauft werden." Wir alle haben uns damit nicht so ganz abfinden können, das Haus zu verkaufen. Aber was blieb uns anderes übrig? Interessenten waren viele da, doch

es stellte sich die Frage, welcher von den Interessenten für das Haus am besten geeignet wäre? Denn wir wollten das liebgewonnene Zuhause von Oma und Opa in gute Hände abgeben. Den passenden Interessenten zu finden, war nicht gerade einfach, aber wir haben es geschafft. Einen Interessenten zu finden, der für das Haus gut geeignet ist. Das schlimme an der ganzen Sache war für mich und natürlich auch für meine Eltern, zu verstehen und vorallem zu begreifen, dass das Haus nicht mehr Oma gehört.

Wir mussten uns also eine andere Übernachtungsmöglichkeit suchen, um weiterhin in Süddeutschland Oma besuchen zu können. Meine Tante hat uns daraufhin angeboten, in Zukunft bei ihr Zuhause zu übernachten. Wir waren froh, dass wir doch so schnell eine neue Übernachtungsmöglichkeit finden durften.

Es war dennoch schwierig zu begreifen, dass Oma nun in einem Seniorenheim untergebracht ist. Für mich war dies ein erneuter Schicksalsschlag in meinem Leben. Vorallem habe ich so gerne im Garten meiner Großeltern mitgeholfen und gearbeitet. Aber zum Glück hatte ich ja noch so viele Fotos und Videos von dem Haus und dem Garten gemacht. Das war meine kleine Rettung. So hatte ich nun wenigstens noch ein paar Fotos zur Erinnerung an das Haus und an die schöne Zeit.

Kapitel 10
„Mein 14. Geburtstag und die Konfirmation"

Der nächste Jahreswechsel folgte und nahm seinen gewohnten Lauf. Bei so einem Jahreswechsel weiß ja niemand, was das neue und kommende Jahr so bringen wird. Gesundheit, Krankheit, Trauer, Freude oder vielleicht Erfolg? So etwas steht dann immer vorher in den Sternen geschrieben. Das ist aber auch gut so.

Ich persönlich möchte nicht unbedingt wissen, was das neue Jahr so bringen wird. Ich vermute, dass sich viele Leserinnen und Leser dieser Aussage anschließen werden. Ich wusste am Jahreswechsel nur zwei Dinge, die auf mich eintreffen werden. Das war einmal mein 14. Geburtstag und meine Konfirmation. Auf beides freute ich mich sehr. Geburtstage wurden bei uns Zuhause immer traditionell gefeiert. Oma und Opa aus Westfalen kamen dann zu Besuch. Egal wer Geburtstag hatte, ob das meine Mama mein Papa oder ich gewesen bin, Oma und Opa kamen zu uns und brachten für das jeweilige Geburtstagskind ein Geschenk mit. Dann gab es immer Kaffee und Kuchen. Und meistens folgte dann noch ein genussvolles Abendessen.

Das war immer schön, wenn von unserer Familie jemand Geburtstag hatte und Oma und Opa zu Besuch da waren. Genauso schön war es auch an meinem 14. Geburtstag. Es klingelte an der Tür. Ich öffnete und meine Großeltern standen vor mir. Mit offenen Armen habe ich beide empfangen und sie herzlich willkommen geheißen. Standardgemäß umarmten wir uns alle. Das gehört nun mal dazu und das ist auch gut so. Nun ja mein Geburtstag nahm seinen weiteren und gewohnten Ablauf. Ich bekam per Telefon herzliche

Glückwünsche zum Geburtstag von meinen Tanten, Onkel, Cousins und Cousinen, aber auch von Freunden und Bekannten.

Manche haben mir auch per SMS gratuliert. Auch darüber habe ich mich sehr gefreut. Es haben so viele an meinen Geburtstag gedacht. Der Tisch mit den Geschenken wurde liebevoll von meinen Eltern am Abend vor meinem Geburtstag gedeckt. Das war auch eine langjährige Tradition. Auch der Gabentisch stand nun mit den Geschenken zum Auspacken bereit. Beim Auspacken habe ich mir auch standardgemäß wie immer viel Zeit gelassen. Meine Devise lautet: „Das Geschenk wurde liebevoll mit Geschenkpapier eingepackt und deshalb packe ich es dann auch in Ruhe und Gelassenheit aus." Jeder Tesafilm-Streifen wurde dabei vorsichtig abgezogen, sodass das Geschenkpapier dabei nicht kaputtgeht. Das Papier wollte ich nie einfach so aufreißen. So ein Typ bin ich einfach nicht. Der 14. Geburtstag verging viel zu schnell. Leider. ☹ Aber die Konfirmation stand ja gute sechs Wochen nach meinem Geburtstag noch bevor. Wieder ein Grund zum Feiern. Und ein weiterer Grund zum Freuen. Aber bevor die Konfirmation starten konnte, musste ja auch einiges für dieses Fest organisiert werden. Meine Eltern übernahmen die Organisation der Konfirmationsfeier. Geplant war, dass wir alle zusammen mit meinen Großeltern, Tanten und Onkel aus Westfalen und meiner Oma, Tanten und Onkel aus Süddeutschland in einer schönen, gemütlichen Gaststätte die Konfirmation feiern werden. Meine Eltern haben wirklich an alles gedacht. An die Tischdekoration, an ein festliches Essen, einen für mich passenden Anzug, ja einfach an alles, was man sich so vorstellen kann, was für eine schöne und unvergessliche Konfirmationsfeier benötigt und geplant wird. Der Organisationszeitraum der bevorstehenden Konfirmation sank und die Konfirmation war nicht mehr weit entfernt. Die letzten und wichtigsten Vorbereitungen in der Woche vor der Konfirmationsfeier wurden noch getroffen. Auch diese Woche verging wie im Flug. Nun war es Samstag, der letzte Tag vor der Konfirmation hatte begonnen. An diesem Tag war es dann soweit: Die Verwandten aus Süddeutschland kamen zu uns nach Westfalen angereist. Tanten, Onkel und meine Cousine. Sie sind alle gekommen. Die Freude war groß alle Verwandten wieder zu sehen. Doch jemand fehlte ja noch, genau meine Oma. Aus gesundheitlichen Gründen, konnte sie leider nicht mehr die weite Anreise zu uns antreten. Darüber waren meine Eltern und auch ich sehr traurig, dass sie bei meiner Konfirmation nicht dabei sein konnte. Aber ich bin ja ein Kämpfer und lasse mich ja nicht so leicht unterkriegen. Also nahm ich umgehend den Telefonhörer in die Hand und habe meine Oma angerufen. Ich habe ihr dann davon berichtet, dass alle Gäste gesund und freudig angekommen sind und wir nun bei uns Zuhause etwas essen werden. Wir haben uns lange unterhalten. Eine gute halbe Stunde haben wir zusammen telefoniert. Sie sagte dann noch zu mir: „Mein Schatz, Sneckers, ich bin in Gedanken morgen bei dir, auch wenn ich nicht richtig dabei sein kann, wenn du konfirmiert wirst. Das wollte ich dir nur sagen." Falls sich jetzt viele Fragen werden, was das „Sneckers" bedeutet, dies kann ich Ihnen liebe Leserinnen und Leser leider auch nicht beantworten. Aber ich kann

Ihnen sagen, dass meine Oma oft zu mir „Sneckers" gesagt hat. Dieser Satz von meiner Oma berührte mein Herz. Ich höre bis heute noch meine Oma dies zu mir sagen. So sehr hat mich das berührt. Ich versprach ihr, dass ich auch an sie denken werde und ich in Gedanken auch bei ihr sein werde. Sie hat sich sehr über meine Versprechen und über meinen Anruf gefreut. Auch ich bin froh gewesen, dass ich meiner Oma von der Ankunft der Gäste berichten konnte und ich auch ihre Stimme hören durfte. Es war mir einfach ein Herzensbedürfnis, meine Oma anzurufen und ihr davon zu berichten. Wichtig war mir natürlich auch, meiner Oma mit dem Anruf eine kleine Freude zu bereiten. Und das ist mir auch gelungen. Nach dem Telefonat, ging ich wieder in das Wohnzimmer, wo auch schon unsere Gäste Platz genommen hatten. Sie schauten sich Fotoalben an. Danach gab es noch ein kleines Abendessen und wir ließen den Abend noch so richtig gemütlich ausklingen. Wir erlebten einen wunderschönen Abend mit unseren lieben Verwandten aus Süddeutschland. Dann wurde es auch Zeit, schlafen zu gehen. Da wir alle am nächsten Tag ausgeschlafen sein sollten. Aber keine Sorge. Wir sind rechtzeitig schlafen gegangen und am nächsten Morgen waren alle munter und hellwach. Der Tag meiner Konfirmation stand nun vor der Tür. „Ein Tag, an dem man sich in seinem Leben immer mit Freude daran erinnern soll." Das sagten meine Eltern oft zu mir. Um 09:30 Uhr war der Gottesdienstbeginn in der Kirche. Bis dahin mussten wir uns noch anziehen und uns alle für diesen festlichen Anlass herrichten. Mein Anzug passte wie angegossen. Vor dem Spiegel habe ich mich dann noch selbst betrachtet. Auch die Frisur wurde noch hergerichtet.

„Alles perfekt", sagte ich. Dann wurde es Zeit, dass wir uns auf den Weg zur Kirche machten. An der Kirche angekommen, ging ich zusammen mit meinem Konfirmandenlehrer nach vorne und wir setzten uns in die erste Kirchenbankreihe. Kurz darauf begann der Gottesdienst. Unser Bischof hat den Gottesdienst gehalten. Schon einige Jahre vor meiner Konfirmation sagte unser Bischof: „Die Konfirmation vom Alexander werde ich mal halten und durchführen." Dieses Versprechen hat der Bischof eingehalten. Auch darüber haben wir uns sehr gefreut. Während des Gottesdienstes musste ich stets an meine Oma aus Süddeutschland denken. Und auch an mein Gelübde, dass ich vor der Gemeinde und dem lieben Gott vortragen muss, um den Segen zur

Konfirmation zu erlangen. In Gedanken habe ich es mir immer und immer wieder aufgesagt. Ich habe es fleißig gelernt und wollte es auch ohne Fehler frei vortragen können. Die Predigt des Bischof war nun vorüber und für mich war es an der Zeit das Gelübde dem lieben Gott und vor der Gemeinde vorzutragen. Auch das habe ich ohne Fehler geschafft. Genauso wie ich es mir vorgestellt habe. Ich war sehr froh darüber, es ohne Fehler geschafft zu haben. Dann war der Konfirmationsgottesdienst auch schon vorbei und die Glückwünsche der anderen Gemeindemitglieder folgten. Alle gratulierten mir zur Konfirmation. Die Freude in meinem Herzen war groß. Danach wurden noch zahlreiche Fotos von mir und der ganzen Familie gemacht. Zur Erinnerung an diesen so schönen und unvergesslichen Tag in meinem Leben. Von da aus ging es dann in die Gaststätte.

Es war schon alles vorbereitet für die Konfirmationsfeier. Die sogenannte „Tischtafel" war liebevoll verziert mit Servietten und kleinen Blumengestecken als Tischdekoration. Natürlich haben, dass alles meine Eltern organisiert und ausgesucht. Mir hat es auf jeden Fall sehr gefallen und ich habe mich sehr darüber gefreut. Jeder von unseren Gästen suchte sich einen Sitzplatz. Mein Platz war „vor Kopf" und neben mir saßen meine Eltern. Links von mir Mama und rechts von mir Papa. Nun saß jeder auf seinem Platz und so langsam wurde es Zeit für die Tischrede und die offizielle Eröffnung des Mittagsbuffets. Also stand ich auf, nahm einen Dessertlöffel und klopfte damit auf mein Trinkglas. Um die Aufmerksamkeit der Gäste zu gewinnen und ich mit meiner Tischrede beginnen konnte. Nachdem der Klang des Trinkglases nicht mehr zu hören war, lauschten die Gäste gespannt und aufmerksam meiner Tischrede. Erst einmal habe ich all meine Gäste herzlich willkommen geheißen und mich bei ihnen auch für das erscheinen zu meiner Konfirmationsfeier gedankt. Dann habe ich auf meine Oma aus Süddeutschland hingewiesen, die ja nicht dabei sein konnte, mit der Bitte in diesen Momenten an sie zu denken. Und zu guter Letzt habe ich dann natürlich noch das Mittagsbuffet offiziell eröffnet. Ich sprach: „Meine verehrten Gäste, hiermit eröffne ich das Mittagsbuffet anlässlich meiner Konfirmationsfeier. Ich wünsche euch allen einen guten Appetit." Somit war meine Tischrede beendet und das Mittagsbuffet offiziell eröffnet. Wir bedienten uns nun alle am leckeren Mittagsbuffet. Für jeden war etwas dabei und alle wurden satt. Nach dem ausgiebigen Essen haben alle meine Gäste und auch ich einen Spaziergang unternommen, um ein paar Kalorien abzutrainieren. ☺ Nach dem kleinen Spaziergang haben wir noch Fotos zur Erinnerung an diesen Tag gemacht. Mein Papa hat die Fotos gemacht. Sie sind sehr schön geworden. Wieder an der Gaststätte angekommen, stand auch schon das Kuchenbuffet bereit. Insgesamt gab es sechs verschiedene Kuchen.

Auch dort war etwas für jeden Geschmack dabei. Nachdem nun auch alle satt von Kaffee und Kuchen waren, ging es auch für die meisten Gäste schon wieder nach Hause. Leider. ☹ Aber so ist das nun mal. Die restlichen Gäste sind noch geblieben. Wir haben uns in einem gemütlichen Beisammensein unterhalten und zusammengesetzt.

Es war wirklich sehr schön. Gegen 18 Uhr sind auch die restlichen Gäste gegangen und auch für uns hieß es dann so langsam nach Hause zu gehen. Der Tag meiner Konfirmation war vorüber. Es war für mich ein sehr schöner und unvergesslicher Tag. Dieser Tag wird stets in meinem Herzen bleiben und ich werde mich mein Leben lang noch gerne an diesen Tag mit Freude und einem Lächeln erinnern.

Es war Montagmorgen und die Abreise unserer Verwandtschaft aus Süddeutschland stand bevor. Leider mussten wir nach dem schönen Wochenende wieder voneinander für ein paar Monate Abschied nehmen. Mein Onkel ist mit dem Auto gefahren. Für meine Tante und meine Cousine ging es mit dem Zug wieder nach Hause. Als erstes ist mein Onkel gefahren.

Wir verabschiedeten uns von ihm. Dann fuhr er mit seinem Auto los, hupte noch ein letztes Mal und winkte uns noch zu.

Wir standen am Bürgersteig und winkten ihm ebenfalls zu. Wir warteten, bis wir schließlich nicht mehr das Auto sehen konnten. Dann begleiteten wir meine Tante und meine Cousine zum Bahnhof. Am Bahnsteig verabschiedeten wir uns dann noch. Der Abschied fiel wie schon so oft nicht so leicht. Wir umarmten uns noch mal alle und dann kam auch schon der Zug angefahren. Beide stiegen ein und winkten uns noch mal zu. Wir winkten ihnen auch zu und blieben so lange stehen, bis der Zug nicht mehr zu sehen war. Dann gingen meine Eltern und ich nach Hause. Diesen Tag nach der Konfirmation hatte ich schulfrei. Jeder Schüler bekommt einen Tag frei, wenn der jeweilige Schüler den Tag zuvor Konfirmation gehabt hat. Und da gehörte ich dazu. An meinem freien Tag, betrachtete ich in Ruhe meine Geschenke.

Von meinen Eltern habe ich eine
Herren-Armbanduhr geschenkt
bekommen. Diese halte ich in Ehren.
Und natürlich noch weitere Geschenke...
aber das ist ja nicht das wichtigste.
Für mich ist immer noch der
Familienzusammenhalt das wertvollste.
Und das wir uns einander haben dürfen.
Dann war auch schon mein freier Tag
vorbei und es ging für mich am Dienstag
wieder zur Schule...

Kapitel 11
„Die wichtige Entscheidung"

Nun bin ich 14 Jahre alt und auch schon konfirmiert worden. Auch in der Schule war ich nun schon in der neunten Klasse. An der weiterführenden Schule gefiel es mir wie zuvor sehr gut. Ich hatte zu diesem Zeitpunkt viele Freunde gefunden. Wir schlossen uns zu einem kleinen Freundeskreis zusammen und bezeichneten uns als die „Fünf Freunde." Wir waren fünf Freunde, die zusammen in eine Klasse gegangen sind und wir verstanden uns zu fünft am besten. Daher auch die Bezeichnung: „Fünf Freunde." In jeder Schulpause haben wir uns über viele Themen unterhalten. Doch es kam auch der Tag, an dem geschaut wurde, welche Schüler den Realschulabschluss machen können und welche Schüler für den Hauptschulabschluss geeignet wären.

Die schulischen Leistungen spielten hier eine besondere Rolle. Seit Beginn des ersten Schultages an der Hauptschule, war für mich klar, dass ich einmal den Realschulabschluss absolvieren möchte. Das ist immer mein Ziel gewesen, dass ich auch erreichen wollte. Doch jetzt stellte sich nur die Frage, ob meine schulischen Leistungen dafür auch ausreichen würden? Vorallem in der neunten Klasse verbesserten sich meine Leistungen so sehr, dass ich zweitbester Schüler der Klasse war. Eigentlich stand somit für meine Zulassung zum Realschulabschluss nichts mehr im Wege, wenn da nicht das Fach Mathematik wäre... Naja wie schon am Anfang meiner Geschichte erwähnt, ist das Schulfach Mathematik nicht ganz so meine Stärke in der Schule gewesen. Nur dieses eine Fach bereitete mir etwas Schwierigkeiten. Alle anderen Fächer waren im grünen Bereich und da gab es auch keinerlei Probleme.

Unsere Klassenlehrerin teilte uns mit, dass sie uns am nächsten Montag Bescheid geben würde, wer für den Realschulabschluss und wer für den Hauptschulabschluss geeignet wäre. Also hatte ich ja noch das Wochenende dazwischen, wo ich dann noch einmal über meine schulischen Leistungen nachdenken konnte. Vorallem hatte ich aber auch noch eine ganze Woche Zeit, im Unterricht noch mehr mündlich mitzuarbeiten, super. ☺ Ich erzählte meinen Eltern davon. Das ich mir so große Sorgen machte, ob ich für den Realschulabschluss zugelassen werde oder nicht. Meine Eltern beruhigten mich und sagten: „Mach dir darüber bitte nicht allzu viele Gedanken. Was es deine schulischen Leistungen anbetrifft, da sieht es doch mit der Zulassung zum Realschulabschluss

ganz gut aus." Ich nickte und sagte:
„Stimmt, ihr habt ja recht. Ich warte einfach
bis Montag ab und dann werde ich ja
erfahren, ob ich für den Realschulabschluss
zugelassen werde oder nicht." Damit waren
meine Sorgen erstmal vom Tisch und ich
musste auch nicht mehr so oft darüber
nachdenken. Die Woche vor der
Zulassungsbekanntgabe habe ich im
Unterricht noch intensiver mitgearbeitet
um noch ein bisschen etwas rauszuholen.
Die Woche hatte kaum angefangen, da war
diese auch schon wieder vorbei. Der Tag
der Zulassungsbekanntgabe stand nun
bevor. Es war Montag und jeder aus meiner
Klasse war sehr aufgeregt. So gesehen
wusste ja kaum jemand, wer für welchen
Abschluss zugelassen wird. Die
Klassenlehrerin betrat das Klassenzimmer.
In der Hand hielt sie eine Liste. Es wurde
spannend. Ich merkte wie meine Hände

schweißig waren und mein Herz schneller pochte als zuvor. Ich war so aufgeregt und gespannt ob meine schulischen Leistungen ausreichen würden, für den Realschulabschluss zugelassen zu werden. Die Liste wurde nun von der Klassenlehrerin vorgelesen. Gespannt lauschten alle Schüler, welche Namen für den „Typ 1 Hauptschulabschluss" und welche eben für den anderen „Typ 2 Realschulabschluss" aufgerufen wurden. Sie rief erst die Namen für den „Typ 1" auf. Und mein Name war nicht dabei. Also, was heißt das? Ich bin für den „Typ 2" zugelassen worden. Juhu. ☺ Als die Lehrerin „Alexander in Typ 2 versetzt" sagte, da fiel mir echt ein Stein vom Herzen. Insgesamt waren für den „Typ 2" sieben Schüler aus meiner Klasse zugelassen worden. Nicht viele, leider. Von meinen „Fünf Freunden" war leider auch keiner für den „Typ 2" zugelassen worden. Nach Ende der neunten Klasse werden dann alle Schüler, die für den „Typ 2 Realschulabschluss" zugelassen sind in eine neue Klasse kommen und auch einen neuen Klassenlehrer bekommen. Das war für mich nicht so einfach. Ich habe mich sehr gut mit meiner damaligen Klassenlehrerin verstanden, noch heute habe ich Kontakt zu ihr und ich gehe sie auch an der Schule besuchen. Aber naja ich wollte den Realschulabschluss machen. Und da musste ich jetzt durch. Es war auch nur für ein Jahr. Das konnte ich noch gut verkraften. Zudem war das Ganze für einen guten Zweck. Auch mit den „Fünf Freunden" hatte ich weiterhin guten Kontakt, auch wenn wir das letzte Jahr nicht mehr in einer Klasse gewesen sind, haben wir uns genauso wie die Jahre zuvor in jeder Schulpause getroffen.

Kapitel 12
„Das zehnte Schuljahr"

Für uns Schüler hieß es wieder:
„Neues Schuljahr, neues Glück."
Das zehnte und somit letzte Schuljahr an
der weiterführenden Schule hatte
begonnen. Wir sieben Schüler, die für den
„Typ 2 Realschulabschluss" zugelassen
wurden bekamen jetzt einen neuen
Klassenraum zugeteilt und auch einen
neuen Klassenlehrer. Den neuen
Klassenraum kannten wir bereits und auch
der neue Klassenlehrer war uns bereits aus
Vertretungsunterrichten bekannt.
Also nicht allzu große oder negative
Veränderungen. Auch unser neuer
Klassenlehrer war genauso wie unsere
vorherige Klassenlehrerin sehr freundlich
und hilfsbereit.
Der erste Unterrichtstag im 10. Schuljahr
stand bevor und unser neuer Klassenlehrer

teilte uns den neuen Stundenplan mit. Dieser war garnicht so schlecht. Für die zehnte Klasse waren die Stunden gut aufgeteilt. Es gab keine acht Stunden mehr, wie vorher. Das war schonmal etwas Gutes. Auch neue Fachlehrer haben wir für verschiedene Schulfächer bekommen. Auch die meisten waren uns davon bereits bekannt. Das zehnte Schuljahr startete unerwartet einfach. Ich hätte es mir ehrlich gesagt, schwieriger vorgestellt. Aber ist doch eigentlich egal. Wer möchte es nicht einfacher als gedacht haben? Ich glaube wohl niemand. Das komplette zehnte Schuljahr verlief ruhig und ich kam mit dem Unterrichtsstoff gut mit. Meine Sitznachbarin hat mir ja auch oft im Unterricht geholfen und mir etwas erklärt, wenn ich mal was nicht verstanden habe. Wir haben uns wirklich sehr gut verstanden. Wir kannten uns ja auch schon aus der

Grundschulklasse. Bis heute stehe ich durch die sozialen Netzwerke mit ihr im Kontakt. Das erste Halbjahr war vorüber und der Schulfotograf kündigte sich mit einem Termin an. Das war für alle Schüler des 10. Jahrgangs von wichtiger Bedeutung, denn es sind die letzten Fotos die gemacht wurden, die sogenannten Abschlussfotos. Der Tag an dem die Abschlussfotos vom Schulfotografen gemacht werden sollten, stand vor der Tür und jeder von uns Schülern hat sich schick angezogen. Die Mädchen schminkten sich noch vorher und wir Jungs haben noch unsere Frisuren gecheckt, bevor der Fotograf uns fotografiert hat. Wir wollten ja auch auf den Abschlussfotos gut aussehen. Die Fotos wurden gemacht und nun war es für uns Schüler des 10. Jahrgangs an der Zeit, etwas für unsere Abschlussfeier zu planen. Welcher Ablauf? Welche Dekoration? Und wie sollen unsere Abschluss T-Shirts aussehen? All' diese Fragen stellten wir uns als Klasse. Also nahmen die Mädchen aus unserer Klasse die Planung für alles in die Hand. Mädchen sind da immer ein bisschen kreativer, wenn es um Dekoration geht. ☺ Und das ist auch gut so. ☺ Also schrieben die Mädchen ihre Ideen an die Tafel im Klassenzimmer und wir Jungs sollten dann dazu unsere Meinung äußern. Wir waren mit den Ideen für die Dekoration sehr zufrieden. Auch mit den Ideen für den Ablauf der Abschlussfeier hatten wir keinerlei Probleme oder Meinungsverschiedenheiten. Somit waren schonmal zwei Punkte besprochen und durchgeplant worden. Doch es fehlt ja noch ein Punkt, genau! „Wie sollen die Abschluss T-Shirts aussehen?" Diese Frage musste noch von unserer Klasse geklärt werden. Die Mädchen haben wie bei den anderen zwei Fragestellungen auch, ihre Ideen und Vorstellungen an die Tafel vorgestellt und angeschrieben. Doch wir Jungs waren mit den Vorschlägen, Vorstellungen und Ideen der Mädchen nicht ganz so einverstanden. Wir Jungs wollten Abschluss T-Shirts die im Detail auffallen und sich von den anderen T-Shirts der beiden Parallelklassen positiv abheben. „Wir sind ja auch vom Typ 2 Realschulabschluss, da müssen wir schon ein passendes und cooles Abschluss T-Shirt herausbringen das vorallem positiv auffällt." Mit diesem Satz haben wir Jungs versucht, die Mädchen aus unserer Klasse davon zu überzeugen, dass wir Jungs die Planung für die T-Shirts übernehmen möchten. Zum Glück mit Erfolg. Die Mädchen gaben sich geschlagen und haben uns die Planung für die Abschluss-T-Shirts überlassen. Ich glaube sie haben sich einfach geschlagen gegeben, weil sie bestimmt keine Lust hatten sich mit uns Jungs rumzuärgern. Vorallem waren die Mädchen von der Anzahl gesehen in der Minderheit gegenüber uns Jungen in der Klasse. Nach ein paar Tagen hatten wir Jungs eine Skizze über das geplante Abschluss T-Shirt fertiggestellt. Wir waren mit unseren Ergebnissen soweit zufrieden und haben daraufhin die fertige Skizzierung unseren Mitschülerinnen vorgestellt. Die Mädchen waren darüber positiv beeindruckt, dass auch wir Jungs so kreativ sein können. Wir einigten uns alle auf das entworfene Design und haben die Abschluss T-Shirts bei einer Textildruckerei in Auftrag gegeben. Nun war somit alles für die Abschlussfeier geplant worden. Dekoration, Ablauf und auch die Abschluss T-Shirts waren bestellt und mit eingeplant. Aber bevor wir überhaupt unseren

Abschluss feiern konnten, mussten wir noch die Abschlussprüfungen schreiben und natürlich auch bestehen.

Die Prüfungsphase hatte nun begonnen. Leider. ☹ Prüfungsphase bedeutet immer viel lernen... Deutsch, Englisch und Mathematik waren die drei Prüfungsfächer. Mit viel Fleiß und Eifer haben wir alle die Prüfungsphase gut überstanden. Jeder hat die Prüfungen bestanden und das war das wichtigste.

Jetzt konnten wir uns auf unsere Abschlussfeier konzentrieren und noch ein bisschen was planen und einkaufen. Die letzten Schultage wurden gezählt und schneller als gedacht stand die Abschlussfeier bevor.

Kapitel 13
„Die Schulentlassung"

Es war Juni 2015 und die Abschlussfeier stand vor der Tür. Diese hat in der Aula der Schule stattgefunden. Meine Eltern und ich machten uns auf den Weg zur Schule. Ich habe einen Anzug mit Krawatte und dazu ein passendes, rotes Hemd angezogen. Auch meine Eltern haben sich dem Anlass entsprechend gekleidet. All´ unsere Eltern, Bekannten, Freunde und Gäste versammelten sich bereits vorher in der Aula. Wir Schüler des zehnten Jahrgangs blieben noch draußen stehen und haben uns dann dort versammelt. Nachdem wir nun vollzählig waren, ging es für uns rund 80 Schüler in die Aula. In zweier Reihen liefen wir die Treppen hinunter und sind dann gemeinsam auf die Bühne gegangen. Unser Schulleiter hat daraufhin mit seiner Begrüßungsrede begonnen und uns Schüler des zehnten Jahrgangs herzlich willkommen geheißen. Dann begrüßte er in seiner Rede alle Eltern, Verwandten, Bekannten, Freunde und Gäste. Nach Worten der Dankbarkeit unseres Schulleiters, hat eine Mitschülerin aus meiner Klasse eine kurze Abschlussrede schriftlich ausgearbeitet. Diese sollte nun von ihr am Rednerpult vorgetragen werden. Unser Schulleiter machte den Platz am Rednerpult frei und die Abschlussrede konnte nun vertretend für alle Schüler des zehnten Jahrgangs von der Mitschülerin aus meiner Klasse vorgetragen werden. Auch Worte der Dankbarkeit fielen. Besonders an die Lehrkräfte, die uns als Schüler sechs Jahre durch die Schulzeit an der weiterführenden Schule begleitet haben und uns mit Rat und Tat zur Seite standen. Aber auch ein besonderer Dank an alle Eltern wurde ausgesprochen.

Denn auch sie standen uns Kindern mit Rat und Tat helfend zur Seite.

Die Abschlussrede war sehr gut und verständlich geschrieben. Aber vorallem hat die Mitschülerin aus ihrem Herzen herausgeschrieben. Das ist vielen beim zuhören aufgefallen. Sind wir auch mal ganz ehrlich. Die Mitschülerin aus meiner Klasse, kennt sich super mit Texten aus und das Schulfach Deutsch bereitete ihr keinerlei Schwierigkeiten. Wenn es darum ging, Geschichten zu schreiben dann war sie stets bemüht dies mit viel Fleiß und Eifer zu tun. Bis heute sind wir beide gut befreundet und wenn ich mal eine Frage habe, was das eine oder andere Wort bedeutet oder wie es geschrieben wird, dann schreibe ich sie einfach an, frage nach und kurze Zeit später antwortet sie mir freundlich und mit einer ausführlichen Erklärung. Aber erst einmal genug von einer ehemaligen Klassenkameradin geschwärmt. Bitte entschuldigen Sie mich, liebe Leserinnen und Leser.

Die Abschlussrede war nun vorgetragen worden und nun war es soweit.
Der Schulleiter sagte: „Jetzt werde ich Euch noch von eurem Schüler-Dasein Freisprechen, damit ihr hinterher als Bürger und nicht als Schüler nachhause geht."
Er sprach daraufhin: „Hiermit spreche ich Euch als Schüler; Frei!" Kaum hatte unser Schulleiter das Wort „Frei" ausgesprochen, da jubelten wir Schüler auf der Bühne und konnten es kaum fassen. Danach wurde jeder einzelne Schüler namentlich vom Schulleiter aufgerufen und er übergab das Abschlusszeugnis. Daneben standen zwei weitere Lehrkräfte, die jeweils eine Rose und eine Medaille überreichten.
Jeder hat also drei Teile bekommen.
Das Abschlusszeugnis, eine Rose und eine

Medaille. Als nun jeder sein Abschlusszeugnis, seine Rose und die Medaille überreicht bekommen hatte, ging es für uns alle nach draußen. Der Fotograf von der Tageszeitung wartete schon auf uns, um ein Foto für die nächste Ausgabe der Tageszeitung zu machen. Wir stellten uns alle auf. Die Mädchen mit ihren schönen Kleidern vorne und wir Jungs mit unseren schicken Anzügen hinten. Das Foto war gemacht. Die meisten sind dann mit ihren Eltern nach Hause gegangen. Ich bin mit meinen besten Freunden und mit meinen Eltern aber noch da geblieben und wir haben uns noch mit Lehrern und anderen Mitschülern unterhalten. Irgendwann sind dann auch wir nach Hause gegangen. Wir haben dann Zuhause noch Fotos gemacht und etwas gegessen. Und dann gab es für mich noch Geschenke. „Für den bestandenen Schulabschluss", sagten meine Eltern. Ich war sehr gespannt. Der Wohnzimmertisch war bereits mit Geschenken gedeckt worden.

Noch heute weiß ich, was ich von meinen Eltern zum bestandenen Schulabschluss geschenkt bekommen habe. Es war ein kleiner tragbarer DVD-Player mit DVB-T Anschluss. Also kann ich auch darüber Fernsehen. So etwas hatte ich mir schon immer gewünscht. Und dazu gab es noch etwas Geld. Was soll man auch sonst noch dazu schenken? Mit Geld kann man sich selbst etwas aussuchen und etwas kaufen oder es einfach sparen. Ich habe mich für das Sparen entschieden. Über die Geschenke meiner Eltern habe ich mich sehr gefreut. Meine Augen strahlten regelrecht. Dieser Tag erfreute so richtig mein Herz. Bis heute erinnere ich mich sehr gerne an den Tag der Schulentlassung.

Kapitel 14
„Der erste Unterrichtstag am Berufskolleg"

Den Realschulabschluss, oder besser gesagt wie es heute auch noch heißt: „Die Fachoberschulreife (FOR)" hatte ich absolviert und sicher in der „Tasche." Als „mittlere Reife" bezeichnen ja auch noch viele Menschen diesen Schulabschluss. So jetzt habe ich hoffentlich allen Leserinnen und Lesern, ob Jung oder Alt erklären können, welchen Schulabschluss ich zu diesem Zeitpunkt absolviert habe. ☺ Ich möchte es ja auch hier jedem so verständlich wie möglich machen. Nun ja, den Abschluss hatte ich gut und sicher bestanden, nun hieß es für mich, entweder eine Ausbildung zu beginnen oder noch für zwei Jahre auf ein Berufskolleg zu gehen, um dort einen höherwertigen Abschluss zu erreichen und ich mich so schulisch weiterbilden kann. Nach Tagen der Unentschlossenheit, habe ich mich dann doch gegen eine Ausbildung und mich gleichzeitig für die schulische Weiterbildung an einem Berufskolleg entschieden.

Also machte ich mich umgehend auf den Weg zum Berufskolleg, um mich für eine schulische Weiterbildung anzumelden. Meine Mama hat mich dorthin begleitet. Da wir ja kein Auto haben und sich in meinem Wohnort, einer kleinen Ortschaft mit rund 30.000 Einwohnern kein Berufskolleg befindet, sind wir also mit dem Zug in den nächsten Stadtteil gefahren. Die Zugfahrt dauert nur sechs Minuten. Also eine ziemlich gute Verkehrsanbindung. Am Berufskolleg angekommen, begrüßte uns im Sekretariat der stellvertretende Schulleiter des Berufskollegs. Er war sehr nett

und zuvorkommend. Natürlich wusste er über unser Kommen Bescheid. Meine Mama hat vorher schon telefonisch einen Termin zur Anmeldung vereinbart. Dann setzten wir uns gemeinsam in das Büro des stellvertretenden Schulleiters. Ich hatte mein Abschlusszeugnis dabei und das gab ich dann ab. Er sah sich das Abschlusszeugnis an und sagte dann schließlich: „Ja wir nehmen dich hier am Berufskolleg auf und du kannst bei uns das Fachabitur machen. Allerdings ohne zweite Fremdsprache, also ohne Französisch- oder Spanisch-unterricht. Das ist dann für dich einfacher." Meine Mama und ich waren erleichtert, einen Schulplatz gefunden zu haben. Meine persönlichen Daten wurden dann noch aufgenommen und meine Klasse wurde mir dann mitgeteilt.
Es war die Klasse im Fachbereich Informationswirtschaft.

Also in eine sogenannte IW-Klasse bin ich gekommen. Dann habe ich noch den Stundenplan bekommen. Die Anmeldung am Berufskolleg war somit abgeschlossen und ich war für das Fachabitur angemeldet. Dann sind wir wieder nach Hause gegangen. Und ich habe dann erstmal meinem Papa von der Anmeldung erzählt. Auch er hat sich mit mir gefreut. Es waren ja noch Sommerferien. Und diese haben wir auch noch so richtig genossen. Zusammen als Familie. Wir haben als Familie viel zusammen gemacht. Wir sind oft mit dem Fahrrad gefahren, sind spazieren gegangen... Der Familienzusammenhalt wurde bei uns ganz großgeschrieben. Ich bin ein richtiger Familienmensch. Ich war lieber Zuhause, als mit Freunden unterwegs. Aber ist ja auch egal... Schauen wir weiter... Da das Berufskolleg nicht in meinem Wohnort war, musste ich jetzt mit dem Zug in den nächsten Stadtteil fahren und somit noch früher aufstehen als sonst. Aber das war für mich nicht so tragisch. Schließlich gibt es ja auch schlimmeres. Es war Donnerstag und gleichzeitig mein erster Schultag am Berufskolleg nach den Sommerferien. Etwas aufgeregt war ich aber trotzdem. Am Berufskolleg nun angekommen, machte ich mich auf dem Weg zu meinem Klassenzimmer. Es befand sich in der dritten Etage. Nachdem ich nun die lästigen Treppenstufen hinter mir gelassen hatte, suchte ich nun meinen Klassenraum. Mit dem Stundenplan in der Hand, bin ich durch den Flur des Berufskollegs gelaufen. Nachdem ich nun endlich meinen Klassenraum gefunden hatte, stellte ich mich vor die Tür, wo auch schon andere Mitschüler warteten. Darunter war auch eine Mitschülerin, die ich schon aus der zehnten Klasse kannte. Ich konnte schonmal aufatmen. Juhu, ich kannte bereits jemanden aus meiner zukünftigen Klasse am Berufskolleg. So war ich dann doch nicht ganz so allein in der neuen Klasse und ich kannte schon bereits jemanden. Dann lernte ich meinen Klassenlehrer kennen. Dieser war noch ziemlich jung, aber sehr nett. Er stellte sich mit seinem Namen vor und erzählte ein bisschen von seinen Hobbys. Die Klasse an sich war sehr ruhig und freundlich. Das gefiel mir sehr gut. Eine ruhige Klasse war mir immer wichtig. Nur dann ist auch die geforderte Konzentration vorhanden, die im Unterricht für ein störungsfreies Lernen benötigt wird. Jeder durfte sich dann einen Platz aussuchen. Ich habe mich auf die rechte Seite des Klassenzimmers gesetzt. Wir kannten uns ja auch alle noch nicht. Schon garnicht mit Namen.

Deshalb sollte sich auch jeder mit seinem Namen und einem Hobby kurz vorstellen. Das klappte wirklich gut. Fast alle Namen hatte ich behalten. Die Mitschüler in meiner neuen Klasse am Berufskolleg waren wirklich sehr nett und freundlich. Das hat mir sehr gefallen. Ich habe mich vom ersten Tag an in der Klasse wohl gefühlt. Die ersten Schulwochen vergingen und ich hatte mich mit einigen aus der Klasse inzwischen angefreundet. Wie schon erwähnt, ist mir dies auch nicht schwergefallen, da ja alle sehr freundlich waren. Obwohl ich mich mit allen gut verstanden habe, ist mir ein Mitschüler besonders positiv aufgefallen. Auch wir haben uns sehr gut verstanden. Im Mathematikunterricht hat er mir oft geholfen und unverständliche Aufgaben erklärt.

Dann sagte er immer: „Komm Alexander, setz dich zu mir und ich helfe Dir." Also setzte ich mich auf den freien Platz neben ihm. Dies beobachtete unser Klassenlehrer und sprach uns beide schließlich darauf an, warum wir uns so oft zusammensetzten. Wir erklärten ihm, dass wir das tun damit ich im Unterricht die Lerninhalte besser verstehe und aufnehmen kann. Ein paar Wochen später, kam unser Klassenlehrer in den Klassenraum und teilte uns mit, dass es einen neuen Sitzplan geben wird. Darüber war niemand so recht begeistert. Welcher Schüler oder welche Schülerin ist über so eine Nachricht schon begeistert? Ich vermute wohl niemand. Also teilte unser Klassenlehrer uns auf die neuen Sitzplätze auf. Und wer hätte es gedacht. Mein neuer Sitzplatz war neben dem Mitschüler, der mir so oft im Mathematikunterricht behilflich gewesen ist. Die Freude war groß.

Nun musste ich mich nicht mehr zwischendurch umsetzen und konnte so neben ihm sitzen bleiben. Unser Klassenlehrer hat einfach gesehen, dass wir uns im Unterricht wirklich helfen. Deshalb hat er uns auch vermutlich zusammen in die erste Reihe gesetzt. Neben meinem besten Freund, der mir im Unterricht stets helfend zur Seite gestanden hat. Wir beide saßen in der ersten Reihe. Aber damit war die erste Sitzreihe noch nicht komplett besetzt. Zu meiner linken saß ja mein bester Freund der Klasse. Zu meiner rechten saß keiner. Aber neben meinem besten Freund da saß noch eine Person. Es war ein Mädchen. Wir drei haben in der ersten Reihe gesessen. Mit diesem Mädchen hatte ich noch nicht so viel gesprochen gehabt. Dafür hat sich mein bester Freund mit ihr unterhalten. Irgendwann habe ich sie nach ihrem

Namen angesprochen. Wir stellten uns gegenseitig vor und tauschten uns aus. Wir haben uns nett unterhalten. Daraus entwickelte sich eine gute Freundschaft, die bis heute noch ihren Bestand hat. Wir drei verstanden uns hinterher bestens und wir waren unzertrennlich. Jede Schulpause waren wir drei zusammen und haben uns unterhalten.

Gerade für ein Mädchen ist dies sehr ungewöhnlich, dass sie mit Jungs die Schulpausen verbringt. Und das täglich. Also meinem besten Freund und mir hat das nicht gestört, im Gegenteil wir fanden das sogar toll. Auch sie wurde dann zu meiner besten Freundin von der Klasse. Wir drei haben uns so gut verstanden, weil wir dieselben Ansichten und Meinungen hatten. Wir haben uns auch gegenseitig viel geholfen. Das war für uns selbstverständlich. ☺

Vorallem konnten wir uns super über gewisse Themen unterhalten, ohne dass uns dabei langweilig wurde. Und genau das war so das besondere an unserer Freundschaft. Wir haben stets zusammengehalten und uns bei Streitigkeiten oder Problemen gegenseitig unterstützt und standen dem einzelnen tröstend zur Seite.

Kapitel 15
„Ein herber Rückschlag"

Nun ist schon gut ein halbes Jahr vergangen, dass ich auf dem Berufskolleg mein Fachabitur mache. Ich habe viele neue Freunde innerhalb dieser Zeit gefunden. In der Klasse fühlte ich mich wohl. Alle waren sehr freundlich und hilfsbereit. Eine entspannte Atmosphäre war in unserer Klasse zu verspüren. Auch mit den Unterrichtsthemen bin ich dank der Hilfe meines besten Freundes gut mitgekommen. All das hört sich ja ziemlich gut an. Doch ein weiterer Schicksalsschlag stand bevor und ein weiterer Lebenskampf musste geführt werden. Meine Oma aus Süddeutschland ist nach kurzer, schwerer Krankheit verstorben. Es waren gerade mal sieben Jahre nach dem Tod meines Opas vergangen. In diesen sieben Jahren habe ich meinen Opa so sehr vermisst.

In Gedanken war ich jeden Tag bei ihm.
Ich habe es vermisst, mit ihm zusammen in
Naturbüchern zu lesen oder mit ihm in der
Garage, unserer „Werkstatt" wie wir beide
immer dazu sagten etwas zu basteln und
zu werkeln. Dies wurde mir schon mit nur
neun Jahren genommen. Für mich war das
nicht so einfach, das zu verkraften. Aber wir
kämpfen, kämpfen und kämpfen. Und jetzt
ist sieben Jahre später meine Oma
verstorben.
Ein erneuter Rückschlag für mich und auch
für meine Eltern. Tiefe Trauer trat erneut in
unsere Familie ein. Ich war im Unterricht
richtig gut dabei und dann muss ich so
etwas auch noch durchstehen... Meine
Eltern haben mit meinem Klassenlehrer
über den Trauervorfall gesprochen.
Wir mussten ja auch schließlich nach
Süddeutschland fahren, wo die Beerdigung
stattgefunden hat. Ich wurde daraufhin von

der Schule beurlaubt, um an der Beerdigung von meiner Oma teilzunehmen. Das war ich ihr einfach schuldig. Zu diesem Zeitpunkt war es mir egal, ob ich vom Unterrichtsstoff etwas verpasse. Mein bester Freund aus der Klasse hat mich erstmal getröstet und gesagt: „Ich informiere dich über Hausaufgaben und schreibe Dir alles auf was wir im Unterricht gemacht haben." So war und ist auch heute noch mein bester Freund. Das war und ist für ihn selbstverständlich, mir darüber per SMS Bescheid zu geben und mir alles aufzuschreiben, was ich alles im Unterricht verpasst habe. Ich bedankte mich bei ihm für seine freundliche Unterstützung. Einen Tag später, ging es dann auch für uns auf nach Süddeutschland. Die Anreise verlief recht gut. Bei meiner Tante angekommen, hieß es dann Koffer auspacken und von der langen Anreise erholen. Denn am nächsten

Tag stand ja schon der Trauergottesdienst meiner Oma bevor. Den Abend unserer Ankunft haben wir alle zusammen Zuhause bei meiner Tante verbracht und ruhig ausklingen lassen. Ein neuer Tag begann und der Tag des Trauergottesdienstes und der Beerdigung stand nun bevor. Am Nachmittag fing der Gottesdienst dann in der Kirche an. Jeder von uns hat sich dem Anlass entsprechend gekleidet. Also in Schwarz. Ich hatte einen schwarzen Anzug angezogen. Wir alle haben viel geweint. Es war ja auch immerhin meine Oma, die verstorben ist. Ich hatte zu Ihr schon immer eine gute Verbindung. Wir haben uns oft Briefe geschrieben. Und das hat ihr und auch mein Herz stets erfreut. Und genau das wurde mir in meinem jungen Leben wieder genommen. Ich habe meinen Opa mit neun Jahren und meine Oma mit 16 Jahren verloren. Das ist schon ein bisschen früh, finde ich. Für mich war es in dieser Zeit nicht einfach zu verstehen, dass ich mit meiner Oma keine Briefe mehr schreiben konnte und ich sie nicht mehr sehen werde oder sie in den Arm nehmen könnte. Es waren schöne Zeiten mit Oma und Opa in Süddeutschland. Wir haben gemeinsam viel erlebt und es hat im Herzen viel Spaß und Vergnügen hinterlassen. Was bleibt sind die Erinnerungen an meine Großeltern. Ich war mit meinen Gedanken gerade bei meiner Oma, die ja verstorben war. Mit meinen Gedanken war ich wohl etwas zu sehr vertieft gewesen. Von dem Trauergottesdienst hatte ich deshalb nicht allzu viel mitbekommen. Von der Kirche aus sind wir mit dem Auto zu einer ortsnahen Gaststätte gefahren, um an unsere geliebte Mutter, Schwiegermutter und Oma zu gedenken. In Gedanken und vorallem tief im Herzen war sie an diesem

Abend bei mir und der ganzen Familie. Es herrschte eine ruhige und friedevolle Atmosphäre. Wir zählten zur „geschlossenen Gesellschaft" und hatten auch so einen separaten Raum. Der Tag war zum Glück schneller vorbei als gedacht und wir hatten den Trauergottesdienst hinter uns gebracht. Darüber waren wir alle froh.

Denn der Abschied eines geliebten Menschen fällt immer sehr schwer. Einen Tag nach dem Trauergottesdienst machten wir uns auch schon wieder auf den Heimweg. Ich hatte den nächsten Tag auch wieder Schule. Der Abschied von den lieben Verwandten ist uns sichtlich schwergefallen. Aber es musste leider sein. Vorallem fehlte ja auch jemand beim verabschieden. Genau es war meine Oma. Jedes Jahr haben wir sie in den Sommerferien besucht und jetzt auf einmal war sie nicht mehr da. Keiner konnte und wollte das wahr haben. Aber leider zählte es zur puren Realität. Wir hatten uns alle beruhigt und es wurde Zeit loszufahren. Wir verabschiedeten uns von allen lieben Verwandten aus Süddeutschland und sind dann mit dem Auto Richtung nach Hause, nach Westfalen gefahren. Am späten Nachmittag sind wir dann wieder gut Zuhause angekommen. Die Beerdigung und den Trauergottesdienst meiner Oma hatten wir hinter uns gebracht. Trotzdem mussten wir alle in der Familie weiterkämpfen. Das Leben wird weitergehen, auch wenn meine Oma nicht mehr bei uns sein wird. Vorallem musste ich auch weiterkämpfen, damit meine schulischen Leistungen weiterhin so gut bleiben wie sie waren. Das war garnicht so einfach. Aber dank meines besten Freundes an meiner Seite hat das alles gut funktioniert. Die schulische Beurlaubung war vorbei und ich hatte wieder Schule. An der Schule angekommen, haben mich viele aus meiner Klasse gefragt, was denn passiert wäre. Ich erzählte was geschehen ist. Alle waren geschockt und haben mir ihr Beileid ausgesprochen. Das habe ich an meinen Mitschülern sehr geschätzt, dass sie mir das Beileid ausgesprochen haben. Auch das hat mir neue Kraft gegeben. Mein bester Freund und meine beste Freundin der Klasse haben mich erstmal umarmt und mir so Trost gespendet. Dann ging es für mich mit dem Unterricht weiter. Ich hatte ein bisschen was nachzuholen und zwar an Hausaufgaben... aber da musste ich jetzt durch. Ich hatte ja auch noch meinen besten Freund an meiner Seite, wenn ich etwas davon nicht verstehen würde. Die Hausaufgaben, die ich nachholen musste, hatte ich in zwei Tagen fertiggestellt. Ok ich gebe zu mit etwas Hilfe von meinem besten Freund bei den Matheaufgaben. Die Trauer steckte in der Familie trotzdem noch tief im Herzen, auch wenn ich in der Schule gute Noten geschrieben habe und ich im Unterricht gut mitgekommen bin.

Dann wurde ich auch schon in die zwölfte Klasse versetzt. Ich war erleichtert, denn ganz so einfach war das alles nicht. Die Versetzung in die zwölfte Klasse habe ich meinem besten Freund zu verdanken. Trotzdem musste ich stets an meine Oma denken. Bis heute denke ich stets an meinen verstorbenen Opa und an meine verstorbene Oma. Ich trage beide in meinem Herzen.
Und die Erinnerungen an beide sind ebenfalls fest im Herzen verankert.
Für mich sind diese Erinnerungen wertvoller als eine Schatzkiste mit Gold.

Kapitel 16
„Das traditionelle Weihnachtsfest"

In unserer Familie ist der Zusammenhalt noch etwas näher zusammengewachsen. Durch die eingekehrte Trauer um meine Oma, ist unsere Familie noch näher zusammengerückt. Wir haben zusammen mehr unternommen als zuvor. Wir sind am Wochenende, wenn es das Wetter erlaubte, mit dem Fahrrad gefahren. Zur Abwechslung sind wir auch spazieren gegangen. In dieser Zeit der Trauer haben wir uns gegenseitig viel Kraft gespendet. Wir haben uns sozusagen seelisch und auch psychisch unterstützt, um mit den auferlegten Lasten fertig zu werden. Vorallem aber auch, um weiterhin Kraft zu bekommen für die nächsten „Kämpfe" im Leben. Aber nicht nur der Zusammenhalt in der Familie ist stärker geworden. Nein, auch ein weiterer Aspekt hat sich in unserer

Familie verändert. Das Verhältnis zwischen meinem Papa und meiner Wenigkeit hat sich positiv gefestigt und gesteigert. Das Verhältnis zu meinen Eltern war vorher auch schon gut, nur nachdem die Trauer in uns eingezogen ist haben mein Papa und ich viel mehr unternommen als vorher. Zu dieser Zeit war ich 16 Jahre alt. Ab diesem Alter hat man als Junge einen noch besseren Bezug zu seinem Papa. Wir haben viel zusammen gemacht. Haben zusammen gebastelt, gewerkelt, gebohrt oder defekte Gegenstände repariert, geklebt oder geflickt. Mein Papa sagte dann oftmals zu mir: „Komm mein Junge, schau dir das mit an, wie ich das mache. Als ich so alt gewesen bin wie du, da habe ich mir das auch von meinem Papa angeschaut, was heute dein Opa ist."
Auch diese Arbeiten habe ich schon vorher mit meinem lieben Papa durchgeführt

und ihm dabei geholfen. Aber in dieser Zeit hat es einfach viel mehr Spaß gemacht als in der Zeit davor. Ich weiß auch nicht warum, aber diese Momente sind fest in meinem Herzen verankert. Und da bleiben sie auch. Die Erinnerungen an einen geliebten Menschen bleiben im Herzen und im Gedächtnis. Vorallem sind diese Momente viel wertvoller als eine Schatzkiste voller Edelmetallen. Es war meinem Papa auch sehr wichtig, dass ich mir die Arbeitsabläufe mit anschaue und so daraus lerne, wie zum Beispiel ein defekter Fahrradreifen geflickt wird oder wie man richtig tapeziert. All' diese handwerklichen Arbeiten habe ich mir mit angeschaut, wenn sie von meinem lieben Papa durchgeführt wurden. Auch ich durfte bei diesen Arbeiten selbst mit Hand anlegen. Und genau das hat mir so gefallen. Dadurch habe ich das alles gelernt, was im Handwerk wichtig ist, wie die Arbeiten ausgeführt werden, auf was geachtet werden muss und welches Werkzeug dafür benötigt wird. So ziemlich alles habe ich von meinem Papa gelernt bekommen. Und dafür bin ich ihm auch unendlich dankbar. Gut ein Jahr ist es nun her, dass meine Oma verstorben war. So richtig begreifen und verstehen konnte das niemand von unserer Familie. Aber wir haben uns nicht hängen lassen und alle weitergekämpft. Vorallem ich, in der Schule waren meine Leistungen genauso positiv wie vorher. Dank meines besten Freundes und meiner Einstellung: „Gib niemals auf." Das Weihnachtsfest war nur noch gute acht Wochen entfernt und wir machten uns schon alle auf den Weg in die Geschäfte, um die ersten Weihnachtsgeschenke zu besorgen. Ich weiß, acht Wochen vor Weihnachten schon Geschenke besorgen und einkaufen ist schon etwas früh. Aber unsere Familie ist da immer ein bisschen früh mit dran. Ich finde das auch gut so. Denn sonst ist ja ein paar Tage vor Weihnachten schon vieles ausverkauft und man kann es nicht mehr kaufen. Jeder in der Familie überlegte sich, was er denn dem einen oder anderen zu Weihnachten schenken könnte? Das war garnicht so einfach, für jeden das passende Geschenk zu finden. Doch meistens waren einem die Wünsche der anderen für ein Geschenk zum Weihnachtsfest bekannt. Und dann wurde eben das gekauft. Noch etwas süßes zum Naschen dabei und schon hatte man ein Geschenk für jemanden aus der Familie oder dem Bekanntenkreis für das bevorstehende Weihnachtsfest. Bei uns Zuhause wurde das Weihnachtsfest traditionell gefeiert. Wir schmückten jedes Zimmer schön weihnachtlich.

An den Fenstern klebten wir weihnachtliche Fensterbilder.
Der Adventskranz durfte auf dem Wohnzimmertisch auch nicht fehlen.
Und dann fehlt ja noch etwas... genau der Weihnachtsbaum! Der durfte in unserer Familie auf keinen Fall fehlen. In der Familie teilten wir uns die Dekoration des Weihnachtsschmuckes auf. Meine Mama war für die Fensterbilder und die Dekoration der einzelnen Zimmer zuständig. Mein Papa und ich, wir kümmerten uns um den Adventskranz und den Weihnachtsbaum. Also wir haben den Weihnachtsbaum mit den Kerzen und mit den schönen Christbaumkugeln geschmückt. Dafür haben Papa und ich uns viel Zeit genommen. Wir wollten das Ganze auch so schön wie möglich schmücken. Schließlich war es auch für das Weihnachtsfest.

Und Weihnachten findet nur einmal im Jahr statt, deshalb ist es auch so etwas Besonderes. Die Geschenke waren gekauft, schön in Geschenkpapier eingepackt worden und auch das Zuhause wurde liebevoll geschmückt. Auch der Weihnachtsbaum stand nun da in seiner vollsten Pracht. Nach stundenlangen schmücken und aufbauen des Baumes war es dann endlich soweit. Mein Papa rief dann alle zusammen und sagte: „So die Kerzen des Baumes können entzündet werden." Der Stecker wurde in die Steckdose gesteckt und der Weihnachtsbaum erstrahlte zusammen mit den Christbaumkugeln in einem schönen, weihnachtlichen Glanz. Unsere Augen leuchteten und wir freuten uns auf den Abend der Bescherung. Es waren nur noch wenige Stunden bis zur Bescherung. Bis dahin haben wir uns noch schick angezogen und die Weihnachtsgeschenke unter den Weihnachtsbaum gelegt. Dann war es soweit. Die Bescherung stand bevor. Jetzt übernahm meine Mama wieder die Rolle und eröffnete den Heiligabend und die Bescherung mit den Worten: „Das Weihnachtsfest und die Bescherung ist hiermit eröffnet." „Ja dann packt mal alle Eure Geschenke aus", fügte sie meistens noch hinzu. Nachdem nun jeder seine Geschenke ausgepackt hatte, haben wir noch ein bisschen Lebkuchen und selbstgebackene Weihnachtsplätzchen gegessen. Das war immer sehr schön unser Weihnachtsfest Zuhause. Dann folgten die beiden Weihnachtsfeiertage. Am ersten Weihnachtsfeiertag waren wir wie jedes Jahr bei Oma und Opa aus Westfalen zum Mittagessen und Kaffeetrinken eingeladen. Am zweiten Weihnachtsfeiertag waren dann Oma und Opa bei uns Zuhause zum Mittagessen und Kaffeetrinken eingeladen. So wurde bei uns stets das Weihnachtsfest gefeiert. Doch niemand hätte damit gerechnet, dass es unser letztes Weihnachtsfest sein wird, was wir zusammen als Familie feiern werden...

Das Weihnachtsfest war vorüber, die Geschenke wurden betrachtet, ausprobiert oder einfach nur angeschaut, weil sie einfach so schön gewesen sind. Nach dem Weihnachtsfest folgt ja wie alle wissen: „Silvester." Mit einem Feuerwerk um Mitternacht wird der Jahreswechsel gefeiert und auf das neue Jahr mit einem Glas Sekt angestoßen. Meine Eltern und ich standen wie jedes Jahr an Silvester vor dem Fenster und betrachteten das Feuerwerk, dass andere Mitbürger der Ortschaft in den Nachthimmel abfeuerten. Es war schön anzusehen. Wir wünschten uns gegenseitig ein frohes neues Jahr und viel Glück.

Dabei umarmten wir uns. Dann schauten wir wieder aus dem Fenster. Und keiner wusste genau, was alles im neuen Jahr auf uns, als Familie zukommen wird. Vielleicht Freude, Glück, Frieden, Gesundheit oder sogar Trauer? Es wusste keiner. Meine Eltern und ich wussten nur eines. Das meine Großeltern aus Westfalen ein Hochzeitsjubiläum feiern werden und ich im neuen Jahr meinen 18. Geburtstag feiern werde und somit volljährig werden würde. Sonst wussten wir nicht, was noch alles in diesem neuen Jahr auf uns zukommen wird. Das war auch besser so.

Kapitel 17
„Die Jubiläumsfeier"

Die schönsten Feiertage in einem Kalenderjahr waren vorüber. Dazu zählt das Weihnachtsfest, die beiden Weihnachtsfeiertage, Silvester und Neujahr. Alles war wieder schneller vorüber als gedacht und der gewohnte Alltag holte uns Menschen schon wieder am Anfang des neuen Jahres ein. Für mich fing die Schule wieder an und die Erwachsenen, wie meine Eltern mussten wieder zur Arbeit. Leider ☹ aber das muss nun mal sein. Doch erstmal wieder im gewohnten Alltag angekommen, vergeht die Zeit doch schneller als erwartet und das Hochzeitsjubiläum von Oma und Opa stand vor der Tür. Wir freuten uns alle sehr darauf. Meine Großeltern wollten mit der ganzen Familie und der kompletten Verwandtschaft in einer örtlichen Gaststätte dieses Hochzeitsjubiläum feiern.

Nachdem nun einige Monate voller Organisationsarbeiten für die Jubiläumsfeier vergangen waren, war es dann soweit. Der Tag der Jubiläumsfeier stand bevor. Schon einige Wochen vor der Feier habe ich mit meinen Großeltern vereinbart, dass ich während der Jubiläumsfeier Fotos machen werde und mit der Videokamera die schönsten Momente dieser Feier festhalten würde. Und das habe ich wirklich gerne getan. Seit vielen Jahren bin ich mit meiner Kamera aktiv. Ob das im Sinne von Fotos oder Videos ist, das Arbeiten mit der Kamera zählt zu einem von mir langjährigen Hobby. Nun ja wir machten uns für die anstehende Jubiläumsfeier schick und zogen uns dem Anlass entsprechend an. Mit Anzug, Krawatte und Hemd die Herren und die Frauen mit Rock, Bluse und Schmuck. So wie es sich für ein Jubiläum gehört.

Dann feierten wir in der dafür vorgesehenen ortsansässigen Gaststätte. Es waren alle Verwandten zum Mittagessen und Kaffeetrinken eingeladen. Und da unsere Verwandtschaft und Familie von der Anzahl ausgehend ziemlich groß ist, waren es bei der Feier um die 40 Gäste. Ein gemütliches Ambiente in der Gaststätte hat so richtig zum Feiern eingeladen. Zu Beginn begrüßte uns der Wirt der Gaststätte und es folgte ein kleiner Sektempfang. Da ich ja keinen Alkohol trinke, gab es auch Orangensaft. Wir haben dann alle auf das Jubelpaar, also auf meine Großeltern angestoßen. Sie standen an diesen besonderen Tag im Mittelpunkt. Nach dem Sektempfang haben wir uns an die sogenannte Tischtafel gesetzt, die liebevoll mit Servietten ausgeschmückt gewesen ist. Meinen Eltern und mir gefiel das Ambiente in der Gaststätte sehr.

Dann folgte kurze Zeit später das Mittagessen. Es gab reichlich zu essen. Fleisch, Braten, Klöße, Gemüse, Rotkohl, Salat. Fast so ziemlich alles. Also satt werden konnte glaube ich jeder. Bei so viel leckerer Auswahl. Nachdem nun schon die ersten Speisen und Getränke von den Gästen zu sich genommen wurden, haben wir für etwas Unterhaltung gesorgt. Mit Musik und auch mit zwei Gedichten. Als erstes hat mein Onkel ein kurzes Gedicht vorgetragen. Und danach hat mein Papa sein selbstverfasstes Gedicht vorgelesen. Dies hat er einige Wochen zuvor selbst gedichtet. Wenn mein Papa eines konnte, dann Texte dichten und reimen. Doch das Besondere an diesem Gedicht war, dass es perfekt zu dem Anlass passte und es komplett selbstständig erstellt wurde. Das soll mal jemand nachmachen. Gar nicht so einfach. Meine Großeltern freuten sich sehr über die vorgetragenen Gedichte. Natürlich war ich mit meiner Kamera bereits wieder aktiv am fotografieren und filmen, währenddessen die Gedichte und Reime vorgetragen wurden. Das waren doch schöne Erinnerungen an diesen Tag und diese musste ich einfach mit meiner Kamera festhalten. So bin ich nun mal, da kann man nichts machen. ☺ Nachdem nun etwas für Unterhaltung gesorgt wurde, war auch schon das Kuchenbuffet aufgebaut. Es gab Kaffee, Kakao, Kuchen und Eis mit heißen Kirschen. Mhh Lecker oder? Allein die Vorstellung jetzt beim Lesen meine lieben Leserinnen und Leser, oder? Da läuft einem doch das Wasser im Munde zusammen. Mir geht es jedenfalls so... Schauen wir gemeinsam weiter. Es gab verschiedene Kuchensorten. Mohn, Apfel, Käse-Mandarine und noch einige mehr. Jeder konnte hier, wie beim Mittagessen auch richtig satt werden. Für jeden Geschmack war etwas dabei. Ob Groß oder klein, jung oder alt. Es konnte sich niemand in Bezug auf das Essen beschweren. Die Gaststätte ist schon seit vielen Jahren in unserem Wohnort ansässig und für das gemütliche Ambiente und das gute Essen bestens bekannt. Nachdem nun auch jeder von Kuchen, Kaffee, Kakao und Eis satt geworden ist, haben wir uns noch mit den lieben Verwandten unterhalten. Schließlich sieht man sie ja auch nicht jede Woche. Aber nur quatschen und sitzen ist nichts für mich. Deshalb nutzte ich die Gelegenheit und nahm erneut meine Kamera in die Hand und machte noch einige Fotos von der kompletten Tischtafel und von unseren Gastgebern; also von Oma und Opa. Natürlich durfte dort auch kein Video fehlen. Also drehte ich mit meiner Kamera auch noch ein paar Videos von den Gästen, wie sie sich unterhalten hatten. Das bereitete mir wie immer viel Spaß und Freude. Es fing draußen schon etwas an zu dämmern und es wurde so langsam Zeit, dass wir so langsam nach Hause gehen. Leider ☹

Die Jubiläumsfeier war somit schon wieder viel zu schnell vorüber. Also brachen wir alle auf, verabschiedeten uns noch von allen und brachten dann meinen Opa nach Hause. Bei meinen Großeltern Zuhause angekommen, verabschiedeten meine Eltern und ich uns noch von Oma und Opa und bedankten uns gleichzeitig für diesen so schönen Tag der Jubiläumsfeier.

Ein weiterer Tag der das Herz meiner Eltern, Großeltern und meiner Wenigkeit mit viel Freude erfüllt hat, neigte sich dem Ende zu.

Kapitel 18
„Der 18.Geburtstag"

Mittlerweile bin ich in der Oberstufe der 12. Klasse und die Abschlussprüfungen waren nicht mehr allzu weit entfernt...
Die letzten Klausuren wurden geschrieben. Diese waren für die bevorstehenden Prüfungen von großer Bedeutung. Aber durch Fleiß und viel Lerneinsatz habe ich die letzten Klausuren gut überstanden. Somit hatte ich schon mal einen positiven Grundstein gelegt. Aber bevor die Abschlussprüfungen geschrieben wurden, stand da noch mein 18. Geburtstag bevor. Darauf freute ich mich sehr, in diesem Jahr volljährig zu werden. Da stehen dann einem viele „Türen" offen, wenn man die Volljährigkeit erreicht. Man darf bei Landtagswahlen oder Bundestagswahlen wählen gehen und somit das bürgerliche Wahlrecht nutzen.

Oder bestimmte Geschäftsvorgänge allein abschließen. Darauf freute ich mich sehr. Ich wünschte mir zu meinem Geburtstag einen bestimmten Kuchen. Nämlich eine „Giotto-Torte." Genau „Giotto." Das sind ja diese kleinen Kugeln mit Mandelfüllung und kleinen, gehackten Nüssen bestreut. Und davon gab es eine Torte zum selberbacken. Und da meine Mama so gut und auch gerne backt, habe ich mir diese Torte zu meinem 18. Geburtstag gewünscht. Ohne lange zu zögern, kaufte Mama die Zutaten für die „Giotto-Torte" ein und hat mir diese Torte zu meinem Geburtstag gebacken. Nun war es soweit: „Ich hatte Geburtstag." ☺ Meine Eltern weckten mich mit einem schönen Geburtstagsständchen am Morgen. Darüber hatte ich mich sehr gefreut. Doch ich hatte ja an einem Freitag Geburtstag und ich musste noch zur Schule. ☹

Aber deswegen lasse ich mir
ja meinen so schön angefangenen
18. Geburtstag nicht vermiesen. Dann bin
ich in das Wohnzimmer gegangen und
bemerkte sofort etwas. Anders als die
vergangenen Geburtstage, war der
Wohnzimmertisch mit keinen Geschenken
gedeckt, sondern nur mit einem schönen
Blumenstrauß. „Die Geschenke stellen wir
dir heute Nachmittag auf den Tisch, damit
du dich in der Schule noch mehr auf deine
Geschenke freuen kannst, wenn du heute
Nachmittag nach Hause kommst", sagten
meine Eltern zu mir. Das habe ich garnicht
als so schlimm empfunden, im Gegenteil.
Das war mal etwas Anderes. Eine kleine
Veränderung beim Ablauf der
Geburtstagsfeier. Mir hat es auf jeden Fall
so gefallen. Nach dem Frühstück, wurde es
für mich so langsam Zeit, zur Schule zu
gehen, doch mein Papa kam zu mir und

sagte: „Alexander, mein Junge, ich habe schon jetzt für dich ein kleines Geschenk zum Geburtstag, damit du nicht ganz ohne Geschenk in den Unterricht gehen musst." Das habe ich von meinem Papa sehr schön gefunden. Das Geschenk hatte er in der Hand gehalten. Auspacken musste ich es nicht, da es in Klarsichtfolie eingepackt war. Also konnte ich das Geschenk schon so sehen, ohne es auspacken zu müssen. Wirklich praktisch. ☺ Mein Papa übergab mir das Geschenk. Ich nahm es in die Hand und es war: „Ein Speckstein in Felsenartiger Form." Aber nicht nur irgendein Speckstein, nein. Sondern echte Handarbeit, von meinem Papa selbst gefertigt, geformt, gefeilt und geschliffen. Etwas ganz besonderes also. Dieses Geschenk war ganz persönlich von meinem Papa zu meinem 18. Geburtstag. Diesen Moment der Freude über dieses Geschenk und wie mein Papa mir den Speckstein übergeben hat, werde ich nie vergessen. So sehr erfreute das mein Herz. Meine Augen strahlten regelrecht. Der Geburtstag hatte schonmal gut angefangen. So konnte es gerne weitergehen. Aber jetzt musste ich mich ja auf den Weg zur Schule machen. Leider ☹ Aber das musste nun mal sein. An der Schule nun angekommen gratulierten mir alle aus meiner Klasse. Und mein bester Freund hatte sogar ein Geschenk für mich dabei. Damit hatte ich garnicht gerechnet. Ich freute mich sehr, dass er so an meinen Geburtstag gedacht hat. Der Schultag verging schneller als gedacht. Und am Nachmittag durfte ich wieder nach Hause fahren. Und dort erwartete mich eine Riesen - Überraschung. Mein Papa hat die komplette Wohnung mit Luftschlangen geschmückt. Aber das Beste kommt noch. Auf den Luftschlangen stand die Zahl „18" in einem roten Kreis.

Das war so das besondere an diesen Luftschlangen. An der Wohnungstür angekommen, erwartete mich ein großes Schild auf dem draufstand: „Endlich 18!" Darüber freute ich mich sehr. Dann bin ich in die Wohnung gegangen und mich erwartete ein schön, geschmücktes Zuhause voller Luftschlangen. Der Kuchen war ebenfalls von meiner Mama fertig gebacken worden. Nun war alles für die Geburtstagsfeier vorbereitet worden. Auch die Geschenke standen nun auf dem Wohnzimmertisch. Also war auch so der Gabentisch wie versprochen gedeckt worden. Dann klingelte es auch schon an der Tür, es waren meine Großeltern. Auch das gehörte schon zu unserer langjährigen Familientradition, dass Oma und Opa zu Besuch kommen und eingeladen sind bei Geburtstagsfeiern.

Auf meinen Wunsch feierte ich meinen 18. Geburtstag nur im Kreise meiner Familie. Es war sehr schön. Wir haben zusammen zu Mittag gegessen und nachmittags gab es dann Kaffee und Kuchen. Wie immer hat der Kuchen von Mama sehr geschmeckt. Selbstgemacht schmeckt eben immer noch am besten. ☺ Es ist Abend geworden, Oma und Opa sind bereits nach Hause gegangen und ich musste noch meine Geschenke auspacken. Dafür hatte ich mir schön Zeit gelassen. Mit Ruhe und Gelassenheit habe ich die Geschenke ausgepackt. Ich habe viele Sachen bekommen, die ich gut gebrauchen konnte. Ob das was zum Duschen gewesen ist oder etwas für das zukünftige Auto. Ich habe mich über jedes Geschenk sehr gefreut. Dieser Tag erfreute so richtig mein Herz. Nachdem ich nun alles ausgepackt und begutachtet hatte, haben wir noch

viele schöne Fotos gemacht. Von den Geschenken, von mir, ich mit meinem Papa und meiner Mama. Und zum Schluss habe ich noch ein Video gedreht von der kompletten Wohnung mit den vielen geschmückten Luftschlangen, weil ich das einfach so schön gefunden habe. Und das wollte ich mit meiner Kamera festhalten.
Ich fand das so schön von meinem Papa, dass er für mich alles so schön geschmückt hat. Dann war auch schon wieder mein 18. Geburtstag vorüber. Ein besonderer Tag in meinem Leben ging zu Ende.
Ein Tag an dem ich mich stets mit Freude im Herzen und mit einem Lächeln im Gesicht erinnern werde.

Kapitel 19
„Die Prüfungsvorbereitung"

Die ersten Monate des neuen Jahres waren bereits vorüber. In dieser Zeit durften wir als Familie zwei schöne Feiern erleben. Einmal das Hochzeitsjubiläum von Oma und Opa und meinen 18. Geburtstag. Beides erfüllte in unseren Herzen eine große Freude. Auch in der Schule verlief alles bestens. Mein bester Freund stand mir stets helfend zur Seite. Auch die beste Freundin der Klasse war für mich da, wenn ich mal Fragen hatte. Doch es hat sich noch etwas verändert. In Bezug zu meinem Freundeskreis. Es ist eine positive Entwicklung. Eine Mitschülerin mit der ich mich auch schon vorher unterhalten und gut verstanden hatte, ist für mich zur besten Freundin der Klasse geworden. Nun waren wir in den Schulpausen zu viert unterwegs. Zwei Jungs und zwei Mädchen.

Genauso wie vorher auch, konnten wir uns über jedes Thema unterhalten, ohne dass einer von uns anderer Meinung gewesen ist. Oder den anderen dafür ausgelacht hat. Und das war so das besondere an unserer Freundschaft. Wir waren für jeden einzelnen da. Wenn jemand erkrankt war, hat einer von uns für denjenigen die Arbeitsblätter mitgenommen und ihn über die Hausaufgaben informiert. Für uns vier Freunde war das selbstverständlich, den anderen Freunden zu helfen. Mit meiner neuen besten Freundin, die hinzugekommen war, haben wir uns super verstanden. In den Pausen haben wir viel gelacht und Späße gemacht. Wir hatten alle gemeinsam viel Humor.

Bis heute haben wir vier noch guten Kontakt mithilfe der sozialen Netzwerke. Wir treffen uns, wenn es die Zeit erlaubt regelmäßig zum quatschen und austauschen. Zu Weihnachten kaufen wir uns sogar gegenseitig Geschenke.

Das gehört in unserer Freundschaft einfach dazu. Wir verstehen uns einfach bestens. ☺

Doch mittlerweile endete das 1. Halbjahr und das letzte halbe Jahr vor unserem Abschluss am Berufskolleg hatte begonnen. Die bevorstehenden Abschlussprüfungen waren deshalb nicht mehr weit. Bis dahin erwartete uns Schüler noch einige Wochen voller Lernstress und viele Prüfungsvorbereitungen. Jeder wollte auch die Prüfungen bestehen und am Ende des Schuljahres das Abschlusszeugnis in den Händen halten. In dieser Zeit habe ich mir viele Gedanken darübergemacht, ob ich die Prüfungen gut meistern werde und auch bestehen kann. Ich bereitete mir darüber so ein paar Sorgen. Aber zum Glück bemerkte mein Papa, dass irgendetwas mit mir nicht stimmt. Daraufhin hat er mich angesprochen was denn passiert wäre oder ob ich mir über etwas Sorgen bereiten würde. Und wenn man einen guten Ratschlag brauchte, dann von meinem Papa. Er hörte einem aufmerksam zu und setzte sich dazu hin.

Er hat sich somit für meine Sorgen oder Probleme die ich manchmal hatte Zeit genommen. Und genau das schätze ich so an meinen Papa. Ich erklärte ihm, dass mir die bevorstehenden Prüfungen sorgen bereiteten und ich eben Angst hätte, diese nicht zu bestehen. Mein Papa hörte mir aufmerksam zu und sagte nach einer Weile: „Alexander, mein Junge mache dir darüber nicht allzu große Sorgen. Ich kenne dich als einen Schüler, der viel lernt und so etwas nur bestehen kann." Ich nahm die gesprochenen Worte von meinem Papa sehr ernst und habe darüber nachgedacht. Papa hatte recht. Ich bin ein Schüler, der für jede Klausur und jede Prüfung viel lernt. Warum soll ich dann auch nicht die bevorstehenden Abschlussprüfungen bestehen, wenn ich vorher dafür lerne und mich darauf gut vorbereite? Ich bedankte mich bei Papa für den Ratschlag und nahm ihn zum Dank in den Arm. Nun hatte ich verstanden, dass ich mir nicht so große Sorgen über die Prüfungen machen muss. Von diesem Tag an, bin ich mit viel mehr Selbstbewusstsein an die Prüfungsvorbereitung gegangen.

Der letzte, reguläre Unterrichtstag stand bevor und uns Schülern wurden noch die vier Prüfungsfächer genannt, also die Schulfächer in denen die Abschlussprüfungen geschrieben werden. Dazu zählte Deutsch, Englisch, Mathematik und Betriebswirtschaftslehre (BWL). Und für diese Fächer haben wir nun ein paar Wochen Zeit gehabt uns auf die

Prüfungen vorzubereiten. Und nicht nur das wurde uns am letzten, regulären Unterrichtstag bekannt gegeben. Uns wurde auch gesagt in welchen Räumen wir die Prüfungen schreiben werden und wie wir uns am einfachsten einen Lernplan für jedes Prüfungsfach anlegen können. Nachdem wir nun über alles wichtige informiert wurden, ging es für uns alle nach Hause und dann hat es für alle geheißen: „Lernen, lernen, lernen." Aber zum Glück waren da ja noch die Osterferien, bevor die Prüfungen geschrieben wurden. So konnten wir uns auch etwas vom Lernstress ablenken. Weil wir können ja auch nicht nur für die Prüfungen lernen. Etwas Ablenkung vom Lernstress benötigt eben jeder Schüler.

Kapitel 20
„Das traditionelle Osterfest"

Das Weihnachtsfest und auch der Jahreswechsel ist bereits schon wieder einige Wochen und Monate her. Und das nächste Fest was so nach Weihnachten folgt, ist das Osterfest. An Ostern werden buntbemalte Ostereier in der Wohnung, dem Haus oder im Garten versteckt, um den Kindern aber auch den Erwachsenen eine kleine Freude zu bereiten. Fast so wie an Weihnachten. Den Lieben aus der Familie bereitet man durch diese bunten Ostereier oder mit Geschenken an Ostern eine Freude im Herzen. Bei uns Zuhause gab es jedes Jahr zum Osterfest für jeden ein kleines Osternest mit bunten Ostereiern und ein paar Süßigkeiten. Das war immer schön. Natürlich wurden auch die Räumlichkeiten mit entsprechendem Osterschmuck und bunten Ostereiern festlich geschmückt. Dafür waren mein Papa und ich zuständig. Meine Mama hat sich um die Färbung der Ostereier gekümmert. Diese wurden von ihr liebevoll in warmen und bunten Wasserbädern eingelegt. Und mit Osteraufklebern verziert. Das Auge isst ja auch gewöhnlich mit. So verliefen stets bei uns die Vorbereitungen für das jährliche Osterfest. Genauso schön wie das Weihnachtsfest, wurde auch das Osterfest mit unserer Familie gefeiert. Jeder hat bei den Vorbereitungen mitgeholfen und etwas zum Fest beigetragen. Dann war es endlich soweit. Das Osterfest stand vor der Tür. Am Ostersonntag habe ich wie jedes Jahr das Frühstück für alle gemacht. Am Frühstückstisch war eine große Auswahl an Aufschnitt und Brötchen. Und natürlich durften auch die bunten Ostereier nicht fehlen. Jeder bekam eines auf den Teller gelegt. Und dann wurde erstmal in Ruhe ausgiebig gefrühstückt. Danach durfte jeder sein Osternest suchen gehen. Die Ostereiersuche nahm also seinen Lauf. Das hat mir immer viel Spaß bereitet. Man wusste nie genau, wo das Osternest versteckt war und deshalb war eine längere Suche meistens die Folge. Aber keine Sorge, es hat jeder sein Osternest und auch die bunten Ostereier gefunden. Während der Eiersuche bin ich auch wieder mit meiner Kamera aktiv gewesen und habe mit einem Video alles festgehalten. Zum Glück, denn es werden die letzten Aufnahmen von unserer Eiersuche zusammen als Familie sein. Also ein sehr wertvolles Videostück. Nachmittags gab es dann noch Kaffee und Kuchen. Wir machten es uns als Familie so gemütlich, wie es eben ging. Einfach mal Zeit mit der Familie verbringen und den oft so

stressigen Alltag einfach hinter sich lassen.
Am Ostermontag waren wir meistens bei
Oma und Opa eingeladen. Zum
Mittagessen und Kaffeetrinken. Es war auch
dort immer sehr schön gewesen. Wir haben
uns stets gut unterhalten. Und mit meiner
Kamera habe ich auch dort dann Fotos
gemacht. Zur Erinnerung an diesen,
schönen Feiertag. Dann war das Osterfest
auch schon wieder vorüber. Leider ☹ Aber
so ist das nun mal. Die schönsten Momente
im Leben vergehen sowieso viel zu schnell.
Doch niemand von uns hätte gedacht, dass
es unser letztes, gemeinsames Osterfest
sein wird, was wir zusammen als Familie
feiern werden. Zum Glück wusste das zu
diesem Zeitpunkt noch niemand, was noch
alles schlechte auf uns, als Familie
zukommen wird.

Kapitel 21
„Die gefürchteten Abschlussprüfungen"

Das Osterfest und die anschließenden Osterferien waren nun vorüber. Nun begann die Zeit der Prüfungsvorbereitung. Die bevorstehenden Abschlussprüfungen waren nicht mehr weit entfernt und es gab viel zum vor- und nachbereiten. Es waren ja immerhin vier Schulfächer in denen die Prüfungen geschrieben wurden. Da kam eine ganze Menge an Lehrmaterial zusammen. Für die kompletten Lerninhalte fertigte ich mir einen Übungsplaner an. Für mich war das eine große Hilfe und zugleich eine gute Unterstützung beim vor- und nachbereiten der Prüfungen. Wir hatten von der Schule oder besser gesagt von dem Berufskolleg einen Terminplan bekommen, auf dem die Abschlussprüfungen aufgeführt waren und wann diese in welchem Raum geschrieben werden. Auch das war für uns Schüler von großer Bedeutung. Denn wir mussten ja auch wissen, wann welche Prüfung geschrieben wird. Diese Zeit der Prüfungsvorbereitung war für mich sehr kräftezehrend. Bis in den späten Abendstunden hinein habe ich meistens gelernt und mich auf die Prüfungen vorbereitet. Manchmal habe ich auch gemerkt, dass es mit dem Lernen zu viel gewesen ist. Dann bin ich oftmals nach draußen gegangen und habe mich an der frischen Luft bewegt. Das hat mir jedenfalls gut getan und mich etwas von der Prüfungsphase und dem damit verbundenen Prüfungsstress abgelenkt. Doch an einem Abend, habe ich ein bisschen zu viel gelernt...

Mein Papa sagte dann:

„Für heute reicht es doch, was Du alles gelernt hast, oder? Übertreibe es bitte nicht", fügte er noch hinzu. Diese kleine Ermahnung von meinem Papa nahm ich sehr ernst. Und ich hörte umgehend mit dem lernen und vorbereiten für die Prüfungen auf.

Dann war es soweit. Die ersten Abschlussprüfungen für das Fachabitur wurden geschrieben. Insgesamt waren das vier Stück. Das hat sich schon ein bisschen in die Länge gezogen. Aber in den Prüfungen kam ich gut voran. Ich war ja auch gut auf die Prüfung vorbereitet. Meine Eltern sagten mir stets vor jeder Prüfung, dass ich ohne Angst und ganz „cool" in die Prüfung gehen soll. Und genau das habe ich auch gemacht. Das hat super geklappt. ☺ Nachdem nun alle Abschlussprüfungen geschrieben waren und ich alle gut überstanden hatte, konnten wir Schüler erstmal nach Hause gehen. Wir mussten noch auf die Prüfungsergebnisse warten. Haben wir bestanden? Oder haben wir nicht bestanden? Diese Fragen haben wir Schüler uns gestellt. Doch kaum hatte ich die gefürchteten Abschlussprüfungen hinter mir lassen können, da wartete auf mich schon der nächste Kampf in meinem Leben. Der schwerste Kampf in meinem Leben überhaupt.

Aber liebe Leserinnen und Leser, lassen Sie uns gemeinsam in den schwersten Kampf meines Lebens blicken...

Kapitel 22
„Der schwerste Kampf"

Die Abschlussprüfungen waren geschrieben, das Klassenziel hatte ich fast erreicht, ich habe den zweithöchsten Schulabschluss der in der Bundesrepublik Deutschland möglich ist so gut wie in der Tasche und ich musste nicht das Schuljahr wiederholen. All das hört sich doch wirklich super an. Beschweren könnte ich mich eigentlich nicht. Wenn da nicht der schwerste Kampf in meinem Leben seinen Lauf genommen hätte. Und darüber möchte ich jetzt erstmal berichten. Kaum waren die Prüfungen geschrieben, da klagte mein Papa über Schmerzen im Bauchbereich. Erst dachten wir das würde sich wieder legen und besser werden. Aber es trat keine Besserung ein. Und so beschlossen wir, in das nächstgelegene Krankenhaus im Nebenort zu fahren.

Zum Glück hatte ich da keine Schule mehr. Die Prüfungen waren ja geschrieben und ich musste nur noch auf die Prüfungsergebnisse und den Termin der Schulentlassung warten. Das war wenigstens etwas Gutes an der ganzen Sache. So konnte ich meinen Papa und meine Mama zum Krankenhaus begleiten. Am Krankenhaus angekommen, gingen wir zur „ZNA." Also zur sogenannten „Zentralen Notfall Ambulanz." Mein Papa schilderte den Fall und beschrieb auch die Stärke der Schmerzen. Nachdem nun alles schriftlich aufgenommen wurde, ging es für uns in den Wartebereich der „ZNA." Eine gute halbe Stunde lang mussten wir warten. Dann wurden wir aufgerufen. Für eine Notfallambulanz in einem Krankenhaus ist das eine nicht lange Wartezeit, wirklich nicht. Wir wurden daraufhin in einen Behandlungsraum geführt. Dort mussten wir noch etwas warten, bis dann die Ärztin gekommen ist und meinen Papa untersucht hat. Einige Untersuchungen wurden durchgeführt, darunter auch eine Ultraschalluntersuchung. Nach den Untersuchungen konnte noch nichts konkretes festgestellt werden, was die Ursache der Schmerzen sein könnte. Also sollte mein Papa zur Kontrolle und zu weiteren Untersuchen im Krankenhaus bleiben. Wir waren schon etwas beunruhigt, was denn mit Papa los sei und was er denn hat. Diese Ungewissheit beunruhigte uns sehr. Mein Papa wurde einem Krankenzimmer zugeteilt. Dort haben wir dann die Reisetasche ausgepackt, die wir zuvor Zuhause mit Kleidung gepackt hatten. Daraus folgte ein gut dreiwöchiger Krankenhausaufenthalt mit vielen verschiedenen Untersuchungen.

Dann durfte mein Papa das Krankenhaus wieder verlassen und nach Hause kommen. Wir haben ihn mit offenen Armen und mit viel Freude im Herzen willkommen geheißen. Er hat uns einfach in diesen drei Wochen so gefehlt. Doch so groß wie die Freude auch war, so musste mein Papa nach gut zwei Wochen wieder in das Krankenhaus. Bei den vielen Untersuchungen wurde etwas festgestellt, das operativ entfernt werden muss. Aber vorher haben wir zusammen als Familie noch viel unternommen. Wir haben schöne Fahrradtouren unternommen, sind spazieren gegangen, waren einkaufen. Ja wir haben das Familienleben noch einmal so richtig in vollen Zügen genossen. Als hätten wir gewusst, dass wir so etwas bald nicht mehr so machen könnten. Die guten zwei Wochen vergingen viel zu schnell. Und nun hieß es wieder für meinen

Papa, die Reisetasche zu packen und für die bevorstehende Operation erneut in das Krankenhaus zu gehen. Wir machten uns daraufhin gemeinsam auf den Weg. Am Krankenhaus angekommen, mussten wir uns in einem kleinen Wartebereich etwas gedulden. Dann meldete eine Krankenschwester uns an, denn es war ein Termin vereinbart worden, wann mein Papa wiederkommen sollte. Dann bekam Papa einen Fragebogen den er ausfüllen musste und einige Unterschriften waren noch zu tätigen. In der Zwischenzeit hat mir, dass alles viel zu lang gedauert und mir wurde es etwas langweilig. Zum Glück hatte ich meine Kamera mitgenommen und ich konnte mich so etwas beschäftigen. Ich schaute mir ältere Fotos an, die ich gemacht hatte. Und während Papa den Fragebogen ausgefüllt hat, habe ich noch ein Foto von ihm gemacht. Man sieht ihn beim ausfüllen des Fragebogens. Das Foto ist relativ gut geworden. Auch von Mama habe ich natürlich ein Foto gemacht. Ohne Kamera und Fotos bin ich doch nicht glücklich. ☺ Heute ist es für mich eines der wertvollsten Fotos von meinem Papa überhaupt. Aber dazu später näheres.

Nachdem nun der Fragebogen ausgefüllt und die wichtigen Unterschriften getätigt wurden, folgten noch ein paar Untersuchungen. Es war nicht gerade aufregend im Krankenhaus zu sitzen und zu warten bis die ganzen Untersuchungen abgeschlossen waren. Aber wir haben Papa versprochen, ihn zu begleiten und ihm unterstützend zur Seite zu stehen. Wir haben es für ihn getan. Damit er bald wieder gesund wird.
Nun waren endlich alle Voruntersuchungen abgeschlossen und wir konnten noch etwas im Bistro essen. Wir hatten ja auch Hunger.

Es war bereits Mittag und wir hatten nur ein bisschen gefrühstückt. Wir nahmen im Bistro ein leckeres Mittagessen zu uns und zum Nachtisch hat uns Papa noch zu einem Eis eingeladen. „Als kleines Dankeschön dafür, dass ihr mitgekommen seid und so viel Geduld bei den Untersuchungen aufgebracht habt", sagte er zu uns. Wir haben ihn dafür erstmal umarmt. So schön hatte er das gesagt. Dann suchte sich jeder ein leckeres Eis aus und Papa hat es dann für jeden bezahlt. Nun hatten wir uns mit einem Mittagessen und einem Nachtisch stärken können. Dann haben wir noch einen kleinen Spaziergang unternommen. Das erfreute unsere Herzen. Bei uns wurde eben der Familienzusammenhalt sehr groß geschrieben. Nach dem ausgiebigen Spaziergang sind wir wieder zurück auf das Krankenzimmer gegangen und haben uns dann von Papa verabschiedet. Es war bereits spät am Nachmittag und Papa sollte sich auch noch etwas ausruhen, denn am nächsten Tag stand die Operation an. Wir umarmten ihn nochmal und sind dann losgegangen. Den langen Gang sind wir entlanggelaufen, haben uns dann vor der Tür noch einmal umgedreht und Papa hat uns mit einem leichten Lächeln im Gesicht gewunken. Dann hieß es für uns alle abwarten, hoffen und schauen wie es weitergehen würde. Wir haben ja mit vielem gerechnet, aber nicht mit dem was dann in Wirklichkeit auf uns als Familie zu gekommen ist. Der Tag der Operation stand bevor und wir wussten alle nicht was die Ärzte feststellen würden. Die Operation dauerte länger als erwartet. Aber Papa hat sie gut überstanden.

Am nächsten Tag sind wir sofort zum Krankenhaus gefahren und haben meinen Papa besucht. Er lag noch im Bett und war noch etwas müde. Aber er freute sich uns wiederzusehen. Wir umarmten ihn und waren gleichzeitig froh, dass er alles gut überstanden hatte. Dann besuchten wir ihn jeden Tag. Wir haben uns lange miteinander unterhalten. Wir sind meistens vormittags gekommen und erst spät nachmittags wieder gegangen. Der Abschied ist uns oftmals schwergefallen. In der Zwischenzeit habe ich auch von der Schule Bescheid bekommen, dass ich die Abschlussprüfungen bestanden habe und somit das Fachabitur erfolgreich abgeschlossen habe. Auch der Termin der Entlassung wurde uns mitgeteilt, wo es dann endlich die Abschlusszeugnisse gibt, die zum bestandenen Schulabschluss dazugehören. Natürlich habe ich mich sehr darüber gefreut, den Schulabschluss erreicht zu haben und ich somit die Abschlussprüfungen mit Erfolg bestanden habe. Ich war sehr erleichtert. Jetzt musste nur noch Papa wieder gesund werden und sich für mich ein passender Ausbildungsplatz ergeben. Als wir wieder einmal bei Papa im Krankenhaus zu Besuch waren, habe ich ihm sofort davon erzählt, dass ich das Fachabitur bestanden habe. Ich sagte ihm: „Du Papa, ich habe von der Schule Bescheid bekommen, dass ich die Prüfungen bestanden habe und somit das Fachabitur erreicht habe." Mein Papa schaute mich an und sagte: „Komm mal her, mein Junge. Ich bin stolz auf dich und ich habe dich so lieb." Dabei hat er mich feste in seinen Arm genommen und gedrückt. Das hat so richtig gut getan. Als er das ausgesprochen hatte, lief im eine Freudenträne an der Wange herunter. Mein Papa hat sich über meine Neuigkeit sehr gefreut. Das hat ihn sehr gefreut und auch innerlich positiv bewegt. Das hat mich sehr bewegt und ich weiß noch genau, wie mein Papa das zu mir gesagt hat. Das hat so sehr mein Herz berührt. Bis heute trage ich diesen Moment der gegenseitigen Freude tief in meinem Herzen. Wir besuchten meinen Papa weiterhin täglich und er war auch gesundheitlich wieder auf dem besten Weg der Besserung. Er konnte wieder lachen, machte auch wieder seine Späßchen mit uns. An so einen Moment kann ich mich noch zu gut erinnern, er sagte er zu meiner

Mama: „Sag mal, du bist im Gesicht so rot. Du siehst aus wie eine reife Tomate, zum Glück haben wir ja bald die Tomaten-Saison." Meine Mama fing an zu lachen als sie das hörte. Wer meinen Papa kannte weiß, dass er so etwas nicht ernst gemeint hat und das ganze nur ein Spaß sein sollte. Er hat seinen Humor eben nicht verloren und in der noch so schwierigen

Zeit andere zum lachen gebracht. Auch wenn die Situation mal nicht so einfach gewesen ist, über die Späßchen von Papa musste fast jeder lachen oder einfach nur schmunzeln. Dann folgten noch zwei weitere, ungeplante Operationen. Die zweite hatte Papa auch gut überstanden. Wir haben ihn wieder täglich besucht. Er hat sich sehr über unseren Besuch gefreut, auch wenn die räumliche Atmosphäre nicht ganz so schön gewesen ist. Typisch Krankenhaus eben. Auch meine Großeltern haben meinen Papa besucht. Er freute sich sehr darüber. Doch dann folgte noch eine weitere, die dritte Operation innerhalb von nur drei Wochen. Jede Woche eine. Es war zuvor nur eine geplant gewesen, die anderen zwei waren ja garnicht vorgesehen. Diese mussten aber durchgeführt werden, da Komplikationen bei der Heilung der Wunde auftraten. Auch die dritte Operation verlief gut. Doch kurz nach der Operation erlitt mein Papa einen Herzinfarkt. Davon hatte er aber nichts mitbekommen. Er lag noch in der Narkose. Die Ärzte haben ihn da auch erstmal nicht rausgeholt. Dann haben wir den nächsten Tag angerufen und wollten wissen, wie es ihm denn nach der dritten Operation gehen würde. Der Arzt erklärte uns es würde meinem Papa nicht gut gehen. Wir sollten so schnell wie möglich vorbeikommen. Wir machten uns sofort auf den Weg zu Papa ins Krankenhaus. Er lag dort im Bett an vielen Kabeln und Monitoren angeschlossen. Bei Bewusstsein war er ja nicht. Für mich und auch für meine Mama war es ein Schock. Wir konnten das alles garnicht glauben und fassen was passiert war. Wir standen nun da im Krankenzimmer auf der Intensivstation und schauten ihn an. Ich bin dann zu ihm hingegangen und habe gesagt: „Papa du schaffst das, dass weiß ich. Wir brauchen dich noch hier. Wir haben dich doch so lieb. Bitte." Dann sind wir wieder gegangen. Diese Bilder von den laufenden Monitoren auf der Intensivstation sind im Kopf meiner Mama und auch in meinem fest abgespeichert. Das sind negative Gefühle und Ängste einen lieben Menschen zu verlieren, die man mit niemand anderem teilen möchte. Diese Bilder werden uns für den Rest unseres Lebens negativ begleiten. Dieses Gefühl und die Angst, jemanden verlieren zu müssen kann man nicht in Worte fassen. Das muss man einfach miterlebt haben, dann versteht man dieses bedrückende Gefühl und diese Angst. Bis zum Schluss, glaubte ich daran, dass mein Papa wieder gesund werden würde und er wieder aus der Narkose geholt werden kann. Ich wollte nichts davon wissen, was es bedeuten würde, wenn er es doch nicht schafft. Darüber habe ich nie einen Gedanken verloren.

Die ganze Familie wusste inzwischen über den schlechten Gesundheitszustand meines Papas bescheid. Meine Tante aus Süddeutschland hatte sich sofort von der Arbeit aus frei genommen, um meinen Papa zu besuchen und uns in der so schwierigen Situation beizustehen. Dafür sind wir ihr von ganzem Herzen dankbar. Meine Tante und mein Papa haben sich stets gut verstanden. Sie hatten einen besonderen Bezug zueinander. Deshalb war es ihr auch so wichtig, umgehend nach uns dreien auf nach Westfalen zu fahren. Mit dem Auto ist sie angereist. Am Nachmittag, ist sie dann endlich bei uns in Westfalen angekommen. Wir haben sie mit offenen Armen empfangen und wir waren

froh, sie in die Arme schließen zu können.
Wir mussten nun für eine Weile nicht mehr
allein durch dieses Schicksal gehen. Wir
stärkten uns mit einem kleinen
Mittagessen. Und dann wollten wir alle
zusammen ins Krankenhaus nach Papa
fahren und ihn besuchen. Also machten wir
uns umgehend nach dem Mittagessen auf
den Weg zu Papa. Doch wir kamen zu spät.
Als wir den Flur an der Intensivstation
entlanggelaufen sind, in Richtung des
Zimmers von Papa; da haben wir an der
Seite schon die Monitore und Maschinen
gesehen an denen er angeschlossen
gewesen ist. Als wir das dort haben stehen
sehen, konnten wir in diesem Moment
einfach an nichts denken. Ich fühlte mich so
leer. Das ist ein komisches Gefühl, dass
man nicht so richtig beschreiben und in
Worte fassen kann. Nur wer dasselbe
miterlebt hat, weiß wie ich mich in dieser

Situation gefühlt habe. Dann kam uns auch schon der Stationsarzt entgegen. Er sagte dann: „Er hat es nicht mehr geschafft und ist eingeschlafen." Wir standen nun da vor dem Zimmer und konnten nichts mehr sagen. Fassungslosigkeit war in uns. Das konnte und wollte einfach niemand von uns begreifen oder wahrhaben. Der Stationsarzt hat uns dann noch sein Beileid ausgesprochen. Und obwohl ich das alles nicht wahr haben wollte, fragte ich den Arzt: „Was war denn jetzt die genaue Todesursache meines Papas?" Der Arzt antwortete daraufhin: „Herzversagen, drei Operationen innerhalb von drei Wochen waren einfach zu viel." Und so konnten wir nun das Krankenzimmer betreten und uns noch von Papa verabschieden. Wir betraten das Zimmer und er lag dann da. Es sah so aus, als würde er schlafen. Das war für mich einfach unvorstellbar, dass ich mich jetzt

von meinem lieben Papa für immer
verabschieden muss und ich ihn mit gerade
18 Jahren verloren habe. Das konnte ich
einfach nicht begreifen. Wir waren alle in
dem Zimmer und fingen an zu weinen.
Nachdem wir uns nun etwas beruhigt
hatten, sind wir zu ihm gegangen um uns
von ihm zu verabschieden. Ganz verweint
sind wir zu ihm hingegangen. Zuerst hat
sich meine Mama von ihm verabschiedet.
Danach hat meine Tante von ihm Abschied
genommen. Und dann musste ich mich
noch von meinem Papa verabschieden. Das
ist mir so schwergefallen. Von meinem
Papa musste ich mich mit gerade einmal
18 Jahren für immer verabschieden. Ich
habe mich bei ihm noch einmal für alles
bedankt. Dass er für mich ein so guter und
liebevoller Papa gewesen ist, ich ihn
trotzdem noch lieb habe und dass er mir so
vieles handwerkliche gelehrt hat. Dann

habe ich ihm noch über den Kopf gestreichelt. Meine Mama hatte bereits das Zimmer verlassen und meine Tante wollte auch nun gehen. Also ging ich auch von dem Bett weg und ging mit meiner Tante vor die Tür des Zimmers. Oberhalb der Tür, befand sich eine Glasscheibe, durch die man in das Zimmer schauen konnte. Wir standen nun beide da und schauten noch einmal zu ihm hinein. Dann wurde es meiner Tante auch etwas zu viel und sie hatte auch die Station verlassen. Nur ich bin noch da gewesen. Ich stand immer noch vor der Tür und schaute durch die Glasscheibe in das Zimmer hinein. Ein allerletztes Mal konnte ich meinen Papa sehen. Ich wollte garnicht gehen. Das ist mir einfach zu schwergefallen. Doch irgendwann bin dann auch ich gegangen. Erst einen Schritt zurück, dann schaute ich nochmal rein und nach ein paar Schritten musste ich noch ein letztes Mal hineinschauen. Und dann bin ich erst gegangen.

Dann sind wir alle erstmal nach Hause gefahren. Wir brauchten jetzt ein bisschen Ruhe um das Schicksal und die tiefe Trauer verarbeiten zu können.

Nur eine Woche später nach dem Tod meines Papas war die Entlassung an der Schule. Mit einem sehr traurigen Herzen bin ich zur Entlassung gegangen.

Kapitel 23
„Der schlimmste Tag"

Ein paar Wochen ist es nun her, dass mein Papa verstorben ist. Es fehlte eine Person bei uns Zuhause. Damit fertig zu werden war garnicht so einfach. Die Zeit der tiefen Trauer und Stille trat erneut und nach nur anderthalb Jahren in unsere Familie ein. Es mussten einige Angelegenheiten bei Rathäusern, Ämtern und Versicherungen geklärt werden. Da hatten meine Mama und ich einiges zu tun. Aber so waren wir wenigstens etwas von unserer Trauer abgelenkt.

Die Beerdigung, wann diese stattfinden würde, war ebenfalls schon festgelegt worden. Doch bis dahin gab es noch einiges zu klären und zu tun. Blumenschmuck aussuchen und auch die letzte Ruhestätte für ihn auf dem Friedhof festlegen. All das musste noch erledigt werden. Auch das meisterten wir zusammen. Die passenden Blumen waren ausgewählt worden. Und auch bei der letzten Ruhestätte wussten wir, was wir uns so vorgestellt hatten. Die Stelle wurde auf dem Friedhof mit dem Bestatter ausgesucht. Mit der geplanten und zukünftigen Ruhestätte für Papa waren wir zufrieden. Die Beerdigung war nun nicht mehr weit entfernt und deshalb sind wir nochmal zum Bestattungshaus gegangen und haben dort ein paar Angelegenheiten geklärt. Der Bestatter kannte meinen Papa sehr gut und er konnte es auch erst nicht fassen, dass er verstorben ist. Aber leider war es die Wahrheit und es zählt zur puren Realität.

Nun kam vom Bestatter die Frage auf, wer denn nach dem Trauergottesdienst die Urne zum Friedhof und zur letzten Ruhestätte tragen würde? Ohne lange darüber nachzudenken, ob ich das überhaupt schaffen könnte zögerte ich nicht lange und sagte: „Ich werde das für meinen lieben Papa tun. Das bin ich ihm als sein Sohn und Kind einfach schuldig." Der Bestatter freute sich über meine Aussage und darüber, dass ich mir dies zutrauen würde. Dann waren soweit alle Angelegenheiten geklärt.

Zu der Beerdigung reiste natürlich auch die Familie und Verwandtschaft aus Süddeutschland an. So hatten wir eben noch etwas mehr Halt in dieser so schwierigen Zeit und Situation. Der Tag der Beerdigung stand nun bevor. Die Verwandten aus Süddeutschland waren bereits auch schon einen Tag vorher angereist. Am Nachmittag hat dann die Beerdigung stattgefunden. Wir machten uns bis dahin dementsprechend fertig. Haben uns schwarz gekleidet. Die Farbe der Trauer ist ja Schwarz. Ich habe einen schwarzen Anzug mit schwarzer Krawatte und weißem Hemd angezogen. Nach einem Mittagessen sind wir dann losgegangen. Fast an der Kirche angekommen, erblickte ich eine Person, die mir sehr bekannt vorkam. Und liebe Leserinnen und Leser, sie wollen jetzt nicht glauben, wer das gewesen ist! Es war mein bester Freund der ehemaligen Klasse. Er wusste darüber bescheid, dass mein Papa im Krankenhaus gewesen ist und ich habe ihn stets auf dem Laufenden gehalten, was das den Gesundheitszustand von meinem Papa anging. Und so hat er dann auch erfahren, dass mein Papa verstorben ist. Auch über den Beerdigungstermin habe ich ihn informiert gehabt. Doch das er wirklich kommen würde, damit hätte ich nicht gerechnet. Wir freuten uns auf jeden Fall über sein Kommen. Dann sind wir alle zusammen mit meinem besten Freund in die Kirche gegangen. Dort stand auch schon der Bestatter und hat uns begrüßt. Mir hat er ein paar weiße Handschuhe gegeben, da ich hinterher die Urne zur letzten Ruhestätte tragen werde. Er fragte mich nochmal: „Schaffst du das denn? Wenn nicht, dann ist es auch nicht schlimm", fügte er schließlich noch hinzu. Doch ich sagte ihm: „Nein es ist alles ok. Ich schaffe das schon. Ich bin Stark." Dann übergab er mir das paar weißer Handschuhe. Diese sollte ich anziehen, bevor ich die Urne tragen würde.

Also steckte ich mir die Handschuhe in meine Anzugtasche.

Dann bin ich mit meiner Mama, meinem besten Freund und den Verwandten aus Süddeutschland und Westfalen nach vorne gegangen, wo wir uns gemeinsam in die erste Reihe gesetzt haben.

Der Trauergottesdienst begann. Ein Lebenslauf von meinem lieben Papa wurde vorgelesen. Wie er lebte, gelebt hat und was ihn als Mensch so besonders machte. Diesen Lebenslauf hatte ich zusammen mit meiner lieben Mama verfasst. Nachdem nun der Lebenslauf vorgetragen wurde, folgten noch ein paar Rückblicke aus dem Leben von meinem Papa. Von Beginn seiner Jugendzeit bis hin zum Tag der Beerdigung. Nach einer guten halben Stunde ging es dann in Richtung Friedhof. Dieser befand sich auf der gegenüberliegenden Seite der Kirche. Doch vorher war ich noch für das Tragen der Urne zuständig. Dazu zog ich mir die weißen Handschuhe an, die ich vorher vom Bestatter bekommen hatte. Dann nahm ich die Urnentrage an der linken Seite in die Hand. Auf der anderen Seite hat der Bestatter getragen. Daraufhin haben wir die

Kirche verlassen und sind auf den Friedhof gegangen, um meinem lieben Papa die letzte Ruhestätte zu erweisen. An der letzten Ruhestätte angekommen, stellte sich der Grab Chor auf und begann ein Lied zu singen. Während der Chor gesungen hat, nahm der Bestatter die Urne von der Urnentrage, hat die beiden seitlichen Bänder der Urne verbunden und dann in die Grabstätte hinuntergelassen. Als ich das gesehen habe, konnte ich nicht mehr die Tränen unterdrücken. Das war für mich einfach zu viel. Den lieben Papa mit gerade einmal 18 Jahren abzugeben und zu verlieren. Das war in diesen Moment für mich so endgültig, dass ich meinen Papa nicht mehr sehen kann und dass er nicht mehr bei uns sein wird. Das ist ein so furchtbarer Schmerz und Verlust. Das ist es bis heute. So ein Gefühl kann man schlecht beschreiben oder in Worte fassen.

So richtig verstehen und nachvollziehen kann das nur, wer selbst schon einmal in so einer Situation gewesen ist. Der Chor hatte nun ein Lied gesungen und nun war es an der Zeit, zur Grabstätte zu gehen und meinem Papa noch ein letztes Mal „auf Wiedersehen" zu sagen.

Meine Mama und ich haben dazu den Anfang gemacht. Es standen Rosenblüten bereit. Eine handvoll Rosenblüten hat jeder von uns genommen und meinem Papa in die Grabstätte hineingegeben. Aber nicht nur die Rosenblüten haben wir hinein getan. Meine Mama hat noch eine Stofftier-Eule hinzugetan, da mein Papa Eulen über alles leiden mochte. Und ich habe einen kleinen Stein in Herz-Form hinzugetan. Dann bin ich noch einmal dazu in die Hocke gegangen und habe meinem Papa ins Grab geschaut. Es war furchtbar. So etwas wünsche ich nicht einmal meinem größten Feind. Dieses Gefühl der Trauer und den Verlust eines so nahestehenden und geliebten Menschen. Die restliche Familie, Verwandten, Bekannten und Freunde nahmen ebenso von meinem Papa Abschied.

Dann war der schwerste Tag in unserem Leben auch endlich vorüber. Wir haben den Friedhof verlassen und sind nach Hause gegangen. Ein anstrengender, kräftezehrender und trauriger, schwerer Tag ging zu Ende.

Kapitel 24
„Der Kampf um die Bewerbungen"

Ein weiterer Kampf in meinem Leben hatte begonnen. Für mich war es der schwerste Kampf. Die anderen waren zwar auch kräftezehrend und heftig, aber dieser Kampf war für mich der schwerste. Ich habe meinen Papa mit gerade einmal 18 Jahren verloren. Diesen Kampf kann man nicht so einfach in ein paar Tagen gewinnen. Es ist ein Kampf voller Verluste, Trauer und Stille. Den Verlust eines geliebten Menschen zu akzeptieren und zu verstehen braucht seine Zeit. Innerhalb von nicht einmal einem Jahrzehnt haben wir drei liebe Menschen die uns sehr nahestanden abgeben müssen. Ein großer Verlust im Leben und eine ebenso große Lücke im Herzen.

Die schöne Zeit, die wir mit den Lieben erleben durften, wurde uns für immer genommen. Das einzige was uns geblieben ist, das ist die Erinnerung an die schönen Momente und Augenblicke mit unseren Lieben. Das konnte uns zum Glück keiner nehmen. Ja in dieser Zeit der Trauer habe ich mich schon manchmal gefragt, warum mir in meinem Leben schon so früh die Lieben der Familie genommen wurden und warum einem dann noch die damit verbundene Freude im Herzen geraubt wurde. Ich meine die damit verbundene Freude im Herzen durch die geliebten der Familie. Bei meinem Opa zum Beispiel hat mir das werkeln in der Garage viel Freude bereitet, bei meiner Oma die Gartenarbeit, wie das Rasenmähen oder Blumen gießen. Ja und bei meinem Papa hat mir so vieles eine Freude im Herzen bereitet...

Da zählte auch das werkeln und basteln auf unserem Dachboden aber vorallem auch das Fahrradfahren mit der Familie und das gemeinsame Wochenende welches wir zusammen als Familie verbracht haben. Das erfreute so oft mein Herz. Das Wochenende schätzte ich daher sehr.

Bei gutem Wetter waren wir draußen und sind mit dem Fahrrad gefahren, haben Spaziergänge unternommen. Wir waren für jeden einzelnen in der Familie da, wenn es mal Sorgen und Nöte gab. Und das machte unser Familienleben zu etwas ganz besonderem. Doch genau das wurde mir genommen. In nicht einmal einem Jahrzehnt musste ich drei liebgewonnene Menschen aus der Familie abgeben. Das war einmal mein Opa, meine Oma und dann noch mein lieber Papa.

Und das wollte ich jetzt einfach nicht wahr haben. Meine Mama wollte das genauso nicht begreifen. Ich fühlte mich in dieser Zeit nach der Beerdigung, als wenn ich das Erlebte träumen und dann irgendwann aus diesem Traum aufwachen würde und alles gut wäre. Doch ich musste leider immer wieder feststellen, dass es doch kein Traum ist; sondern pure Realität. Leider ☹ Mir war zum weinen zumute. Ich war in meinem schwersten Kampf meines Lebens gefangen. Und als wenn das alles nicht schon schlimm genug gewesen wäre, musste ja noch ein passender Ausbildungsplatz gefunden werden. Schon bevor mein Papa so krank wurde, habe ich mich vielseitig für viele verschiedene Ausbildungsberufe beworben. Leider ohne Erfolg. Das einzige was ich im Briefkasten wieder erhalten habe, das waren schriftliche Absagen. Und wenn ich mal eine Einladung erhalten hatte, dann zu einem Eignungstest. Und bei so etwas habe ich kaum Glück. Diese habe ich meistens nicht bestanden und somit war ich aus dem Bewerbungsverfahren des jeweiligen Unternehmens ausgeschieden. Wenn man teilweise nur schriftliche Absagen bekommt, dann kommen einem schon Zweifel über die eigenen persönlichen Fähigkeiten auf. Aber aufgeben ist für mich ja keine Option. Also habe ich weiterhin Bewerbungen geschrieben, in der Hoffnung doch noch eine Ausbildungsstelle zu finden. Doch so sehr ich mich auch bemühte, es änderte sich nicht viel. Weiterhin trafen per Post die schriftlichen Absagen bei mir Zuhause ein anstatt mal eine Einladung für ein Vorstellungsgespräch zu erhalten. Darüber hätte ich mich viel mehr gefreut. Aber naja. Dann hatte ich keine Lust mehr, nur noch schriftliche Absagen zu erhalten. Also habe ich mich mit dem Arbeitsamt in

Verbindung gesetzt und meine Problemsituation geschildert. Ich wurde dort namentlich vermerkt und einer Berufsberatung zugewiesen. Diese individuelle und kostenlose Beratung sollte mir bei meiner Suche nach einem Ausbildungsplatz weiterhelfen. Dazu wurden Termine zu einem sogenannten Beratungsgespräch vereinbart. Zu diesem Gespräch sollte ich eine Bewerbungsmappe mit dem Deckblatt, einem Lebenslauf und dem Bewerbungsanschreiben mitbringen. Also habe ich eine komplette Bewerbungsmappe mit allen vollständigen Bewerbungsunterlagen zum vereinbarten Beratungstermin mitgebracht, so wie es mir eben mitgeteilt wurde. Die Berufsberatung hat daraufhin meine Bewerbungsunterlagen auf die Richtigkeit überprüft. Dabei hat sich herausgestellt, dass ich die Bewerbung nicht nach einer gewissen Norm verfassen würde, was für die einzelnen Unternehmen von wichtiger Bedeutung ist. Also sollte ich meine kompletten Bewerbungsunterlagen noch einmal neu verfassen und etwas „Farbe" in die neuen Bewerbungsunterlagen einbringen. Das hatte ich vorher nämlich nicht getan. Darüber wusste ich auch nicht bescheid. Die Berufsberatung hatte daraufhin die vielen schriftlichen Absagen als Erklärung für die von mir falsch verfassten Bewerbungen gefunden. So war nun klar, ich musste so schnell wie möglich die Bewerbung anders verfassen. Aussagekräftiger, mit mehr „Farbe" und ein neues Bewerbungsfoto musste gemacht werden. Ziemlich viele Veränderungen auf einmal. Aber für einen guten Zweck, versprach mir die Berufsberatung. Mir war dabei sehr wichtig, dass ich weniger schriftliche Absagen erhalte aber gleichzeitig mehr Einladungen zu einem Vorstellungsgespräch oder zu einem Eignungstest bekomme. Also habe ich für die Neuerstellung der Bewerbung eine kleine Broschüre von der Berufsberatung erhalten, indem die wichtigsten Informationen für eine gute und aussagekräftige Bewerbung beschrieben sind. Dann machte ich mich unverzüglich an die Arbeit und habe begonnen, meine Bewerbung umzuschreiben. Zuerst habe ich mit dem Lebenslauf angefangen. Ein bisschen mehr „Farbe" hatte ich schnell eingebracht. Das Deckblatt, der Lebenslauf und auch das Bewerbungsanschreiben waren jetzt mit mehr „Farbe" strukturiert worden. Jetzt war noch die Gestaltung vom Lebenslauf an der Reihe. Dafür brauchte ich nur etwas länger. Auch das Bewerbungsschreiben musste überarbeitet werden. Mithilfe der kleinen Broschüre war

dies aber kein Problem. Es waren wertvolle und nützliche Tipps zur Verbesserung der Bewerbungsunterlagen enthalten. Diese habe ich auch in die Tat umgesetzt. Nun war soweit alles neu verfasst worden. Ein neues Deckblatt, ein komplett neu verfasster Lebenslauf und ein verbessertes Bewerbungsschreiben. Soweit eigentlich alles fertig, wenn dort nicht noch das Bewerbungsfoto wäre, welches auch erneuert werden sollte. Also habe ich so schnell wie möglich bei einem Fotografen einen Termin für Bewerbungsfotos vereinbart. Für diesen Termin habe ich mich schick angezogen und auch beim Friseur die Haare schneiden lassen.
Auf diesem Bewerbungsfoto sollte ich ja auch freundlich und vorallem gepflegt bei den Unternehmen ankommen. Mit einem neuen Haarschnitt und einem Hemd bin ich zum Fototermin gegangen. Die Fotos

wurden von dem Fotografen in den verschiedensten Winkeln und Richtungen gemacht. Da kommen schon ein paar Fotos zusammen, doch ich musste mich ja für eines entscheiden. Ich benötige für die Bewerbungen eben nur mal ein Bewerbungsfoto. Und jetzt von diesen ganzen Fotos eines aussuchen, welches das zukünftige Bewerbungsfoto sein soll; das ist überhaupt nicht so einfach. Ich bin eher ein Mensch, der nicht gerne wichtige Entscheidungen treffen kann. So etwas fällt mir oftmals schwer. Nach langem vergleichen der Fotos welches denn nun das Beste für eine Bewerbung sei, habe ich mich mit meiner schlechten Entscheidungskraft doch für das passende Bewerbungsfoto entscheiden können. Es hat zwar etwas länger gedauert, aber ich habe mich immerhin für eines entscheiden können. Mit meiner Entscheidung und dem

Bewerbungsfoto war ich sehr zufrieden. Nun konnte ich das neue Bewerbungsfoto der neu verfassten Bewerbung beifügen und somit die Bewerbung fertigstellen. Das habe ich dann auch getan. Nachdem nun das neue Bewerbungsfoto eingefügt wurde, konnte ich nun die neu verfasste und bearbeitete Bewerbung an die nächsten Unternehmen verschicken. Ich war darauf sehr gespannt und aufgeregt, denn ich wusste ja nicht ob die Verbesserungen in meiner Bewerbung bei den Unternehmen positiv aufgenommen werden oder nicht. Ich erhoffte mir durch diese Veränderungen in der Bewerbung auch mehr Einladungen zu Vorstellungsgesprächen oder Eignungstesten von den Unternehmen und gleichzeitig weniger schriftliche Absagen. Denn die Zeit wurde knapp und ein Ausbildungsplatz sollte gefunden werden.

Ein gewisser Druck lastete somit auf meinen „Schultern." Ich habe mir in dieser Zeit viele Gedanken und Sorgen gemacht, was ich machen würde, wenn ich keinen Ausbildungsplatz finden sollte. Was würde ich dann machen? Diese Frage stellte ich mir oftmals. Ich habe das Fachabitur bestanden und absolviert und den zweithöchsten Schulabschluss der in der Bundesrepublik Deutschland möglich ist, erreichen dürfen.

Wenn man das so liest oder hört, dann kann man sich nur eins vorstellen; das ich mit diesem Schulabschluss und so einer Schulbildung auf jeden Fall einen Ausbildungsplatz finden kann. Davon bin ich auch ausgegangen. Aber schauen wir mal, ob sich denn etwas mit der neu verfassten Bewerbung tut.
Ob wirklich mehr Einladungen zu Vorstellungsgesprächen oder

Eignungstesten bei mir eingetroffen sind, oder ob ich nach wie vor schriftliche Absagen erhalte?

Mithilfe des Internets habe ich weitere Stellenangebote herausgesucht, wo ich die neu verfasste und bearbeitete Bewerbung an die verschiedensten Unternehmen und Firmen hingeschickt habe. In der Hoffnung, eine schriftliche Einladung zu erhalten; anstatt eine schriftliche Absage. Diese Absagen konnte ich nämlich irgendwann nicht mehr sehen. Die Bewerbungen wurden von mir fleißig an viele Unternehmen verschickt. Ich hatte viele Stellenangebote aus dem Internet oder der Zeitung gefunden. So konnte ich zahlreiche Bewerbungen schreiben und an viele Unternehmen verschicken. Ich war mit der neu verfassten Bewerbung sehr zufrieden. Vorallem war ich aber auch so richtig motiviert Bewerbungen zu schreiben und eine Ausbildungsstelle zu finden. Ich bereitete mir auch nicht mehr allzu große Sorgen darüber, was ich machen würde falls ich keinen Ausbildungsplatz finden sollte. Ich war so motiviert, dass ich nur noch optimistisch darüber nachdenken konnte. Einige Wochen vergingen bis sich die ersten Unternehmen auf meine Bewerbung gemeldet haben. Und wer hätte es gedacht, es waren keine großen Umschläge im Briefkasten, sondern Post in Form eines Briefumschlags. Also waren es keine schriftlichen Absagen. Ich war so erleichtert. Endlich mal eine gute Nachricht und nicht nur immer schlechte Neuigkeiten in meinem Leben. Tatsächlich wurde ich öfter von den Unternehmen zu einem Eignungstest oder einem Vorstellungsgespräch eingeladen. Darüber war ich sehr froh und genauso erleichtert. Die komplette Umgestaltung der

Bewerbungsunterlagen und das neue Bewerbungsfoto, das hat sich alles gelohnt. Das hätte ich nicht gedacht.

Was ein falsch verfasstes Bewerbungsschreiben, ein schlechtes Bewerbungsfoto und ein nicht so kreativ gestalteter Lebenslauf in einer Bewerbungsmappe anrichten kann. Hätte die Berufsberatung mich nicht darauf hingewiesen, meine Bewerbungsunterlagen zu überarbeiten; ja dann hätte ich nicht so zahlreiche Einladungen zu Eignungstesten oder Vorstellungsgesprächen erhalten. Das hört sich doch eigentlich alles ganz gut an und da könnte man davon ausgehen, dass ich so einen Ausbildungsplatz gefunden habe. Aber leider ist das nicht so gewesen. Ich habe keinen Ausbildungsplatz gefunden, obwohl ich die Bewerbung überarbeitet habe und ich zahlreichen Einladungen der Unternehmen zu

Vorstellungsgesprächen nachgekommen bin. Aber ich war nicht der einzige, der keinen Ausbildungsplatz gefunden hatte. Mit meiner Wenigkeit waren es insgesamt vier weitere aus meiner Klasse, die auch keinen Ausbildungsplatz gefunden haben. Ja, ein schwacher Trost. Aber auch wenn ich keinen Ausbildungsplatz gefunden habe, den Kopf habe ich nicht hängen lassen und mich so weiterhin beworben, in der Hoffnung doch noch etwas zu finden. Aber auch das hat nichts genützt. Einen Ausbildungsplatz habe ich dadurch auch nicht mehr gefunden.

Kapitel 25
„Erinnerungen an die schöne Zeit in meinem Leben"

Den lieben Papa musste ich mit gerade einmal 18 Jahren abgeben und einen Ausbildungsplatz habe ich leider trotz der vielen, geschriebenen Bewerbungen auch nicht bekommen. Ich habe mich in einer schwierigen Lebenssituation befunden. Halbwaise mit 18 Jahren und keinen Ausbildungsplatz, das ist eine schlechte „Mischung." Denn wer möchte in so jungen Jugendjahren ein Elternteil verlieren und dazu dann noch ohne Einkommen klarkommen? Ich vermute das möchte wohl niemand. Aber ich lasse mich ja nicht hängen. Aufgeben ist für mich keine Option, auf keinen Fall. Doch das ist jetzt hier leichter geschrieben als in die Tat umgesetzt werden kann. Für mich und auch für meine Mama war das überhaupt nicht einfach. Das wir meinen lieben Papa haben abgeben müssen, das wollten wir einfach nicht begreifen und das konnte man auch nicht. Einen geliebten Menschen der uns auch so nahestand, werden wir nie wiedersehen, in den Arm nehmen können oder einfach mit ihm etwas in der Freizeit unternehmen können. Sei es ein Spaziergang, eine Fahrradtour oder sonst etwas, was das Herz mit Freude innerhalb der Familie erfreuen würde. Aber all´ das war nicht mehr möglich. Das einzige was uns geblieben ist, das sind die Erinnerungen an die schönen Momente mit meinem lieben Papa. Und genau diese Erinnerungen konnte uns niemand nehmen. Das war auch gut so. Hätte ich diese Erinnerungen auch noch abgeben müssen, dann wäre ich wahrscheinlich in ein tiefes „Loch" gefallen, was das meine psychische Lage betrifft.

Ich bin so froh, dass ich so viele Fotos gemacht habe. So haben wir in dieser schweren Zeit der Trauer schöne Fotos der dankbaren Erinnerung. Diese ganzen Fotos sind für uns von wichtiger Bedeutung. Genau wie die Erinnerungen in unseren Herzen, zählen die Fotos zu den Teilen, die uns von meinem lieben Papa geblieben sind. Aber es waren ja nicht nur Fotos vorhanden. Je älter ich wurde, desto mehr Videos habe ich auch gemacht.

Ich weiß auch nicht warum, aber mit zunehmendem Alter habe ich mich auch für Videoaufnahmen mit der Kamera begeistern können. Also habe ich Fotos sowie auch Videos von meinen lieben Eltern gemacht. Mein Papa war auf jedem Video zu sehen und auch zu hören. Mein Papa und ich; wir haben oftmals unsere Späßchen vor der Kamera gemacht, währenddessen meine Mama nicht gerne mit der Kamera festgehalten werden wollte. Sie mochte das eben nicht. Was wir dann auch respektierten und ernst genommen haben. Also haben wir sie meistens aus der Aufnahme außen vorgelassen. Aber mein Papa und ich, wir beide hatten dabei unseren Spaß beim Drehen von lustigen Videos. Die Verbindung zum Vater und Sohn hat sich dadurch noch weiter gefestigt. Die Verbindung war vorher auch schon gut, aber als ich ungefähr acht Jahre alt gewesen bin, da bin ich öfter mit meiner Mama einkaufen gegangen und habe etwas bei der Hausarbeit geholfen. Mir wurde gelehrt, wie man kocht, backt, bügelt, staubsaugt, näht... ja so fast alles was auch ein Junge später einmal im eigenen Haushalt beherrschen sollte. Das hat mein Papa beobachtet und mich daraufhin angesprochen. Wir führten ein Gespräch von Vater zu Sohn. Meinem Papa war es dabei wichtig, dass ich nicht nur Arbeiten im Haushalt können und lernen sollte, sondern auch Handwerkliche Arbeiten. Wie ein kaputter Fahrradreifen repariert wird, was man schönes aus Holz basteln kann, welche Werkzeuge es gibt und vorallem wie diese heißen und für welche technischen Arbeiten diese benötigt werden. All' das wollte mir mein Papa nun lernen und beibringen. So wie meine Mama mir die wichtigen Arbeiten im Haushalt beigebracht hat, so wollte mein Papa das mit den wichtigen Arbeiten im Handwerk tun. Die Mama bringt dem Kind die Hausarbeit bei und der Papa die Handwerkliche Arbeit. Wenn ich heute darüber nachdenke, dann bin ich meinen Eltern dafür unendlich dankbar, dass sie mir das alles so beigebracht und erklärt haben. Jetzt bin ich auch schon etwas älter und ich kann das alles besser verstehen, aber

damals mit gut acht Jahren da habe ich das nicht ganz verstanden warum mein Papa mir das alles beibringen wollte. Und durch diese Lehrzeit bei meinem Papa ist die Verbindung zwischen Vater und Sohn näher zusammengewachsen. Es war eine sehr schöne Zeit des Lernens an der Seite von meinem lieben Papa. Ich habe mich bei den Arbeiten die wir durchgeführt haben wirklich wohl gefühlt. Mein Papa hat mir bei den Arbeiten alles verständlich erklärt und gezeigt. Erst hat er es vorgemacht wie es gemacht wird und dann gab er mir das Werkzeug in die Hand und sagte:
„So jetzt versuche du es einmal, du kannst nichts falsch machen. Ich bin ja bei dir."

Und auch wenn ich es nicht beim ersten Mal richtig nachmachen konnte was mir vorher gezeigt wurde, da blieb mein Papa ganz ruhig und hat es mir nochmal in Ruhe erklärt. Dann hatte ich es meistens verstanden. Und genau das habe ich an der Zusammenarbeit mit meinem Papa so geliebt. Dass mir alles von ihm in der nötigen Ruhe und Gelassenheit erklärt wurde. Je älter ich geworden bin, desto mehr haben wir auch unternommen. Aber mein Papa und ich wir haben nicht nur das eine Hobby gehabt, sondern noch eines. Wir haben uns nicht nur in unserer Freizeit mit dem Handwerk und Werkzeug beschäftigt. Unser zweites Hobby war Filme aus dem Fernsehen auf DVD aufzunehmen. Natürlich nur für den privaten Gebrauch. Wir haben das nicht an dritte Personen verkauft. Keine Sorge, so etwas hätten wir auch nie gemacht. Dafür sind wir zu ehrlich. Und wie wir das genau gemacht haben, das möchte ich Ihnen kurz erklären.

Zuerst haben wir uns darüber Gedanken gemacht, welche Filme wir überhaupt auf DVD aufnehmen möchten. Meistens haben

mein Papa und ich uns für
Dokumentationen oder andere lustige
Filme entschieden. Filme wie zum Beispiel
Krimis... haben wir nie aufgenommen.
Diese standen keinesfalls auf unserer
Aufnahmeliste.
Als nächstes haben wir uns die
Fernsehzeitschrift zur Hand genommen,
um zu sehen wann denn der gewünschte
Film gesendet wird. Diese Fernsehzeitschrift
war für uns das wichtigste Utensil, um
überhaupt den Film aufnehmen zu können.
Sonst hätten wir ja nicht gewusst, wann der
Film gesendet wird. Diese Zeitschrift haben
Papa und ich dann jeden Monat neu
durchgelesen und nach neuen Filmen
Ausschau gehalten, welche Filme wir
noch nicht aufgenommen haben oder
welche für uns interessant sein könnten.
Das hat mir immer viel Spaß bereitet, die
Fernsehzeitschrift mit Papa durchzulesen.

Dann haben wir den gewünschten Film zur offiziellen Sendezeit aufgenommen und hinterher die Aufnahme bearbeitet. So war eine Aufnahme von einem gewünschten Film auch schon fertiggestellt. Und so haben wir das immer gemacht. Dies hat uns als Vater und Sohn noch etwas näher verbunden. Ich konnte von meinem Papa auch da viel lernen. Er hatte das ganze nämlich schon in seiner Jugendzeit gemacht, also das mit der Aufnahme von Filmen. Da wurde das noch mit den alt bekannten Videokassetten gemacht und nicht mit den DVDs. Und so haben wir bis zum Schluss miteinander etwas unternommen.

Wir haben sogar noch bevor mein Papa so krank wurde und in das Krankenhaus musste, einen Film aufgenommen und auch komplett bearbeitet. Wir haben in den ganzen Jahren zahlreiche Filme auf DVD aufgenommen. Ja fast schon eine kleine Sammlung war das. Meistens haben wir uns dann am Wochenende einen Film angesehen. So hatten wir stets den passenden Film für den gemütlichen Fernsehabend innerhalb der Familie. Das war immer schön. Was mir davon nur noch geblieben ist, das ist die Erinnerung an diese so schöne gemeinsame Zeit.

Kapitel 26
„Die Verarbeitung der auferlegten Last"

Das waren nun ein paar Einblicke, wie ich mit dieser Zeit der tiefen Trauer um meinen geliebten Papa umgehe und was ich dabei fühle und was mir an meinem lieben Papa so wichtig ist. An dieser Stelle möchte ich aber auch die Menschen ansprechen, die auch einen geliebten Menschen haben abgeben müssen. Sei es die Mutter, der Vater, die Schwester, der Bruder, die Oma oder der Opa gewesen von denen leider Abschied genommen werden musste. Der Abschied für immer, der fällt stets sehr schwer. Ich weiß wie es ist, geliebte Menschen der Familie abgeben zu müssen. Ich habe leider meine Großeltern aus Süddeutschland und meinen lieben Papa innerhalb von noch nicht einmal einem Jahrzehnt abgeben müssen.

Ich möchte an dieser Stelle diesen Menschen etwas Trost spenden und deutlich machen, dass sie nicht alleine mit diesem Schicksal sind. Ich kann diese Gefühle der Trauer um einen geliebten Menschen der Familie mitempfinden und mitfühlen. Es fällt immer schwer jemanden abgeben zu müssen. Egal wie alt die Person gewesen ist, von der wir Menschen uns verabschieden müssen, es fällt trotzdem schwer. Niemand möchte einen nahestehenden und geliebten Menschen aus der Familie für immer verlieren. Doch auch wenn die Trauer so tief in einem sitzt, darf man sich nie aufgeben. Das hätte der verstorbene auch nicht gewollt, dass die Hinterbliebenen sich aufgeben und den Kopf hängen lassen. Nicht aufgeben, das heißt, sich in der Zeit der tiefen Trauer eine Beschäftigung suchen. Das beste was man machen kann. Während der Arbeit sind wir

Trauernden etwas abgelenkt und brauchen nicht über die Trauer nachdenken. Es gibt auch noch die Möglichkeit sich mit einem persönlichen Hobby abzulenken und auf andere Gedanken zu kommen. Sei es das Angeln an einem kleinen See, wo man vielleicht andere Menschen trifft und sich mit denen dann in Ruhe unterhalten kann oder Sport treiben wie zum Beispiel Joggen, Fahrrad fahren oder einfach ein Spaziergang um den Kopf mal etwas „frei" zu bekommen. All' das sind Möglichkeiten sich etwas von der schweren Zeit der Trauer abzulenken und den Kopf „frei" zu bekommen. Jeder Mensch ist verschieden und deshalb kann man nie genau sagen, was für wen die beste Ablenkung ist. Das muss die betroffene Person für sich selbst herausfinden. Jeder Mensch weiß, was dem eigenen Körper und Geist in so einer Zeit der Trauer gut tut und was eben nicht.

Ablenkung ist trotz alledem eines der wichtigsten Möglichkeiten, um mit dem Trauerfall besser umzugehen. Sich mit dem Hobby ablenken, das ist eine Möglichkeit. Es gibt aber noch weitere. Vielleicht hilft es auch ein Tagebuch zu führen, indem man notiert, was an manchen Tagen für Gedanken und Gefühle den Trauernden bedrücken. Es können positive oder weniger positive Gedanken oder Gefühle sein. Manchen Menschen kann so ein Tagebuch in der schweren Zeit der Trauer dabei helfen mit dem Trauerfall besser umzugehen.

Jetzt haben wir schon zwei verschiedene Möglichkeiten, um mit dem Trauerfall besser fertig zu werden und es gibt noch zwei weitere. Dem verstorbenen wird bestimmt eine Grabstätte auf einem Friedhof geschaffen. Die letzte Ruhestätte für den verstorbenen.

Auch dort können manche Menschen, allerdings nicht alle, besser mit der Trauer umgehen und dem verstorbenen nahe sein, indem die Grabstätte mit Blumen angepflanzt wird und so die letzte Ruhestätte gepflegt wird.

Kommen wir zur letzten Möglichkeit. Seit kurzer Zeit gibt es jetzt auch sogenannte Gesprächskreise speziell für Trauernde die einen geliebten Menschen haben abgeben müssen. In diesen Kreisen finden sich mehrere Trauernde zusammen, die über die erlebten Gefühle und Erlebnisse mit anderen Trauernden sprechen. Für manche die in der schweren Zeit der Trauer stehen, mag das vielleicht auch helfen. Das waren jetzt nur ein paar Beispiele, wie sich Trauernde ablenken können und besser mit dem Trauerfall umgehen können. Es gibt natürlich noch mehr Möglichkeiten. Jeder muss für sich selbst entscheiden, wie er sich ablenken möchte und vorallem mit was. Das muss jeder Trauernde für sich selbst herausfinden. Die Hauptsache ist, dass man sich etwas ablenkt; eine Beschäftigung sucht und sich dabei nicht hängen lässt, auch wenn es noch so schwerfällt. Die Lücke in den Herzen wird trotzdem noch bleiben. Deswegen ist es auch ganz wichtig, dass man nicht in ein tiefes „Loch" fällt. Damit ist niemandem geholfen und das kann verhindert werden.

Niemals aufgeben und weiterkämpfen heißt die Devise. Glauben Sie mir, meine lieben Leserinnen und Leser; ich weiß was ich Ihnen für Ratschläge gebe.

Kapitel 27
„Wie gehe ich mit der Last der Trauer um?"

Wie bei jeder anderen Geschichte auch, kommen auch wir hier langsam zum Ende. In den Kapiteln davor habe ich hauptsächlich von der Vergangenheit aus meinem Leben geschrieben und berichtet. Jetzt werden wir gemeinsam in die Zeit der Trauer schauen und vorallem aber auch erfahren wie ich mit dieser schweren Last und der Trauer umgegangen bin. Die Beerdigung von meinem lieben Papa ist schon wieder ein paar Wochen her. Die Zeit ist wirklich schnell vergangen. Meine Mama und ich wir sind jeden Tag zum Friedhof gefahren und haben meinen Papa an seiner letzten Ruhestätte besucht. Wir haben ihm stets frische Blumen an die Grabstätte gebracht. Das ist ja das einzige, was wir noch für ihn tun können.

Viel bleibt uns da leider nicht mehr.
Die Grabstätte an sich haben wir sehr
sauber und ordentlich gehalten. So wie es
mein Papa auch immer gerne gehabt hat.
Sauber, vernünftig und akkurat. So war er
nun mal und ich bin schon genauso. Wie
der Vater; so der Sohn. ☺ Meine Mama
und ich versuchen stets alles so weiterhin
zu machen, wie es auch mein lieber Papa
für richtig befunden hätte oder wie er es
eben in der einen oder anderen Situation
getan hätte. Es war weiterhin schwierig zu
verstehen, warum wir meinen lieben Papa
nicht mehr sehen werden und warum wir
ihn haben abgeben müssen. Das zu
begreifen ist garnicht so einfach. Je länger
ich darüber nachdenke, desto schlechter
geht es mir hinterher. Seelisch; aber auch
psychisch geht es mir dann schlechter.
Wenn ich daran zurückdenke, mit was für
einem Gefühl ich anfangs zum Friedhof

und zur letzten Ruhestätte meines lieben Papas gegangen bin, dann bin ich froh heute nicht mehr mit so einem bedrückenden Gefühl dorthin gehen zu müssen. Dieses Gefühl der tiefen Trauer und dann noch die Frage nach dem „Warum?" hat mich innerlich etwas aufgewühlt. Dieses bedrückende Gefühl kann ich schlecht beschreiben oder in Worte fassen. Wenn wir auf dem Friedhof waren ging es mir noch einigermaßen gut, aber sobald wir an der letzten Ruhestätte von meinem lieben Papa standen; da ging es mir deutlich schlechter. Ich weiß auch nicht genau warum, aber ich habe eine Vermutung. Im Unterbewusstsein bin ich mit einem Gefühl der Abneigung vor dem Tod meines Papas auf den Friedhof gegangen. Also mit anderen Worten: Ich konnte einfach noch nicht verstehen, dass mein Papa dort beerdigt ist und ich ihn nicht mehr sehen oder ihn in den Arm nehmen kann. Es war dann meistens ein Herzschmerz auf der linken Seite. Genau da wo auch das Herz sitzt. Das machte mir schon etwas Angst. Die tiefe Trauer setzt sich bei jedem Menschen auf etwas anderes. Bei dem einen auf die Psyche, bei dem anderen auf das Gemüt und bei mir war es eben das Herz. Das war für mich sehr beunruhigend, denn ins Krankenhaus wollte ich nach dem Todesfall von meinem Papa nicht mehr. Ich hatte große Angst davor. Deshalb habe ich dann meiner Mama davon erst einmal erzählt.

Genau wie mein Papa es auch gemacht hätte, setzte sie sich mit mir hin und wir haben darüber in aller Ruhe gesprochen. Ich berichtete ihr von meinen Sorgen und Ängsten und über das bedrückende Gefühl am Friedhof.

Dann sagte sie zu mir: „Mache Dir darüber nicht allzu viele Sorgen. Alles wird gut und wir stellen uns diesem Kampf." Und dann gab sie mir noch einen guten Ratschlag und Tipp wie ich mit einer anderen, innerlichen Einstellung zur letzten Ruhestätte gehen sollte um den Herzschmerz in Zukunft zu vermeiden. Sie sagte: „Mach das doch so wie ich. Freue dich auch wenn es schwer fällt ihn an der letzten Ruhestätte besuchen zu können und spreche mit ihm." Diesen Ratschlag von meiner Mama habe ich sehr ernst genommen und ihn auch befolgt. Und wer hätte es gedacht, heute gehe ich mit einer anderen innerlichen Einstellung zu meinem Papa auf den Friedhof ohne das bedrückende Gefühl und ohne den Herzschmerz. Jeden Tag gehe ich ihn besuchen und freue mich jedes Mal ihm etwas erzählen zu können.

Wie es mir geht und dass ich jetzt mit dem Führerschein angefangen habe und auch bei der Fahrschule angemeldet bin. Das alles erzähle ich ihm dann. Das reden am Grab hilft mir, die Trauer besser zu verarbeiten und anders damit umzugehen.

Aber um mit der Trauer und der entstandenen Lücke in meinem Leben besser zurecht zu kommen, habe ich mir eine Beschäftigung gesucht. Ich habe mich bei einer Fahrschule angemeldet und möchte dort meinen Führerschein machen. So bin ich dann für die nächste Zeit etwas von der ganzen Trauer abgelenkt und ich habe eine Aufgabe. Ich lerne dann für die bevorstehende Theorieprüfung und gehe regelmäßig zum Theorieunterricht. Ich habe sogar schon meine erste Fahrstunde haben dürfen. Das erste Mal mit dem Auto auf der Straße zu fahren, das ist ein tolles Gefühl. Es hat mir viel Freude bereitet.

Ich hätte so gerne meinem lieben Papa von meiner ersten Fahrstunde erzählt. Aber leider ging das ja nicht mehr so, wie man das gerne hätte. Ich konnte es ihm nur noch an seiner letzten Ruhestätte auf dem Friedhof erzählen. Das tut mir aber gut, dort mit meinem Papa zu reden. Auch wenn ich keine Antwort erhalte. Aber auch wenn es noch so schwer im Leben ist, lasse ich nicht den Kopf hängen. Ich kämpfe weiter. Und aufgeben ist überhaupt keine Option. Es war und ist überhaupt keine einfache Situation in der ich mich befinde. Ich habe meinen lieben Papa mit 18 Jahren abgeben müssen, habe keinen Ausbildungsplatz gefunden, obwohl ich zahlreiche Bewerbungen geschrieben habe und ein finanzielles Einkommen habe ich somit dann auch nicht. Trotzdem lasse ich mich nicht unterkriegen und kämpfe weiter.

Ich mache jetzt meinen Führerschein und schreibe die nächsten Bewerbungen für das kommende Ausbildungsjahr. Ich bin da zuversichtlich und glaube fest daran, dass ich im nächsten Jahr einen guten Ausbildungsplatz finden werde. Und in dieser so schwierigen Lebenssituation kam mir dann die Idee, ein Buch über mein Leben zu schreiben und den anderen Menschen da draußen in der Welt zu verdeutlichen, dass es keinen Grund zum aufgeben oder zum nicht kämpfen gibt. Auch wenn es im Leben mal Momente oder Situationen gibt, in denen man denkt es kann nicht mehr weitergehen; dann wird sich auch dort ein Lichtlein auftun. Manchmal dauert das etwas länger und ein anderes Mal kann das schneller als erwartet eintreten.

Eine Sache ist dabei von großer Bedeutung; der Wille und die Zuversicht auf den Lichtblick nach einer finsteren und schweren Lebenssituation. Ziehen wir an dieser Stelle meine finstere Situation in Betracht. Anfangs dachte ich auch, es würde nicht weitergehen. Doch ich habe nicht aufgegeben. Und siehe da ich gehe jetzt mit einem anderen Gefühl zum Friedhof; zu meinem lieben Papa, mit dem Führerschein habe ich auch angefangen und auf der Suche nach einem Ausbildungsplatz für das kommende Jahr bin ich auch. Auch wenn es manchmal schwerfällt, kämpfe ich weiter und lasse mich nicht entmutigen. Das Jahr 2017 hat gut angefangen; aber leider endet es traurig und mit einem Schicksalsschlag.

Für die Zukunft erhoffe ich mir, mit der Trauer noch besser zurecht zu kommen und einen Ausbildungsplatz zu finden wo ich mich wohlfühlen kann. Meinen lieben Papa kann und werde ich aber trotzdem nie vergessen. Er und die schönen Erinnerungen an ihn leben in meinem Herzen weiter.

Jeder Mensch hat so den einen oder anderen Kampf im Leben zu führen. Stellen wir uns diesem Kampf um den Sieg zu erlangen. Auch ich habe mich dem schwersten Kampf meines Lebens gestellt. Es wird ein längerer Kampf sein den ich zu führen habe und wie dieser ausgehen wird, dass weiß keiner.

Danksagungen

Damit dieses Buch verfasst und anschließend überhaupt veröffentlicht werden konnte, benötigte ich dafür etwas Unterstützung. Diese habe ich von der Familie, Freunden und Bekannten erhalten dürfen. Und dafür möchte ich mich hier nun nachstehend herzlich bedanken. Zuallererst möchte ich mich bei meinen lieben **Eltern** ganz herzlich bedanken.

Bei meiner lieben **Mama**, die immer für mich da ist und mir so vieles beigebracht und mich auch bei der Verfassung dieses Buches motiviert hat.

Meinem lieben **Papa** möchte ich auch an dieser Stelle von ganzem Herzen für alles danken. Dafür, dass er für mich immer da gewesen ist und mir auch so viel im Handwerksbereich gelehrt hat.
Er hatte stets ein offenes Ohr für mich und dafür bin ich ihm unendlich dankbar. In meinem Herzen wird er stets weiterleben und dort immer einen Platz haben.

Als nächstes möchte ich mich bei meinen **Großeltern aus Westfalen** bedanken. Dafür, dass ich sie noch haben darf und sie stets für uns da sind.

Ein herzliches Dankeschön für alles auch an meine **Großeltern aus Süddeutschland**. Auch sie sind für uns immer da gewesen und dafür möchte ich mich ganz herzlich bedanken.

Auch einen Dank an die lieben **Verwandten** aus dem Süden-Deutschlands. An meinen lieben **Onkel** und an meine drei lieben **Tanten** aber auch an meine liebe **Kusine** ein herzliches Dankeschön; für Eure Unterstützung in der Zeit der Trauer und danach.

Ich möchte mich aber auch noch bei der restlichen **Familie** ganz herzlich für alles bedanken.

Namentlich erwähnen möchte ich:

Kevin Metzrath; auch er hat mich tatkräftig unterstützt und mir mit seiner hohen Hilfsbereitschaft unterstützend zur Seite gestanden. In der Zeit der tiefen Trauer standest Du uns tröstend zur Seite. Bis heute unterstützt Du uns.
Auch dafür ein herzliches Dankeschön.
Kevin, ohne Deine Hilfe und tatkräftige Unterstützung wäre das alles nicht möglich gewesen.

Ein ganz herzliches Dankeschön auch der **Familie Metzrath**, die uns ebenfalls in der Zeit der Trauer unterstützt hat.
Vielen Dank auch dafür.

Frau Ilka Silbermann; mit vielen guten Ratschlägen, Tipps und Ihrer hohen Hilfsbereitschaft standen Sie mir bei der Arbeit an diesem Buch unterstützend zur Seite. Ein herzliches Dankeschön auch dafür. Frau Silbermann, ohne Ihre Mithilfe wäre das alles nicht möglich gewesen.

Frau Klein Reesink; in der Zeit der tiefen Trauer standen Sie mir und meiner lieben Mama unterstützend und tröstend zur Seite. Auch dafür ein herzliches Dankeschön.

Frau Elisabeth Ahnert; auch Sie haben sich liebevoll um uns gekümmert. Haben stets ein offenes Ohr und stehen uns tröstend und unterstützend zur Seite. Ein herzliches Dankeschön dafür. Das alles gibt uns viel Kraft.

Heinz-Ulrich Kamp; in der schweren Zeit der Trauer und des Verlustes hast Du Dich gekümmert und stets ein offenes Ohr für uns.
Ein herzliches Dankeschön dafür, lieber Uli.

Celine Teipel; für mich bist Du eine gute Schulfreundin, mit der ich mich von Anfang an gut verstanden habe. Du bleibst mithilfe der sozialen Netzwerke im guten Kontakt mit mir und Du stehst mir in der Zeit der Trauer tröstend zur Seite, Du hast stets ein offenes Ohr für mich und dafür möchte ich Dir hier an dieser Stelle ein ganz herzliches Dankeschön aussprechen. Danke Celine.

Du bist und bleibst meine beste Freundin.

Das waren nun alle, die es verdient haben bei den Danksagungen dieses Buches erwähnt zu werden. Ich wünsche nun allen Leserinnen und Lesern für die Zukunft alles erdenklich Gute, viel Gesundheit und Glück im Leben; aber vorallem die Fähigkeit niemals aufzugeben und in schweren Lebenssituationen weiterzukämpfen.
Das Leben ist oftmals ein Kampf; dem man sich stellen sollte. Ich habe mich dem schwersten Kampf meines Lebens gestellt, aber es ist noch ungewiss, wann und ob ich den Kampf für mich entscheiden werde...

Alexander Gedatus
Hamm, Nordrhein-Westfalen
im November 2017

Ende

Platz für Notizen...

...oder für anderes. 🙂